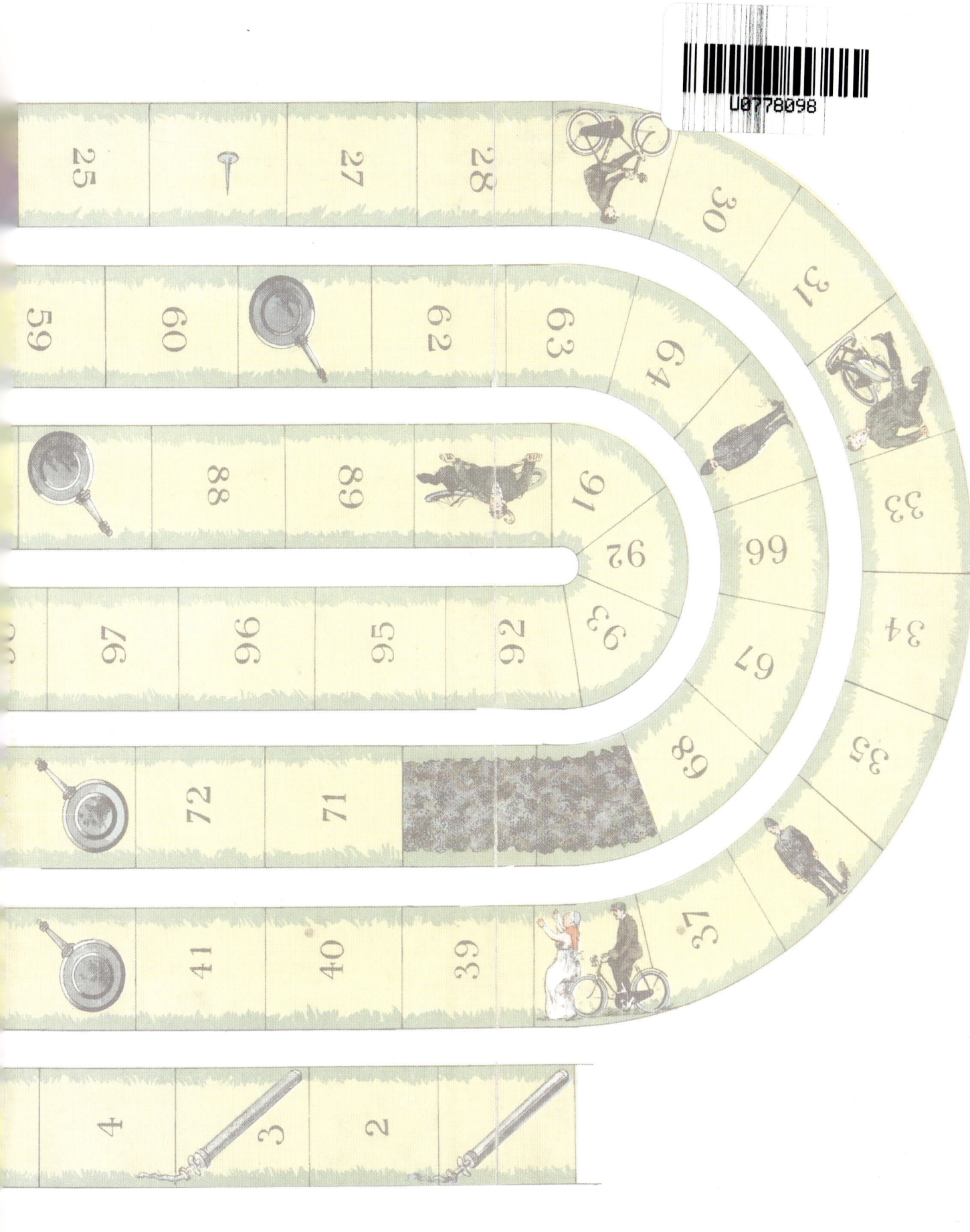

桌游
VINTAGE
BOARD GAMES
简史

A Journey Through Games of the Nineteenth Century

[英]阿德里安·塞维尔——著

王晶——译

中国画报出版社·北京

图书在版编目（CIP）数据

桌游简史 /（英）阿德里安·塞维尔著；王晶译. -- 北京：中国画报出版社，2021.1
 书名原文：Vintage board games：A journey through games of the nineternth century
 ISBN 978-7-5146-1984-3

Ⅰ. ①桌… Ⅱ. ①阿… ②王… Ⅲ. ①智力游戏-历史-世界 Ⅳ. ①G898-091

中国版本图书馆CIP数据核字(2020)第240756号

北京市版权局著作权合同登记号：01-2020-6894

WS White Star Publishers® is a registered trademark property of White Star s.r.l.

Vintage Board Games: A Journey Through Games of the Nineteenth Century © 2019 White Star s.r.l.
Piazzale Luigi Cadorna, 6
20123 Milan, Italy
www.whitestar.it

All rights reserved. No part of this publication may be reproduced, stored in a retrieval system or transmitted in any form or by any means, electronic, mechanical, photocopying, recording or otherwise, without written permission from the publisher.
本书中文简体版专有出版权经由中华版权代理总公司授予中国画报出版社。

桌游简史

［英］阿德里安·塞维尔 著　　王晶 译

出　版　人：于九涛
策划编辑：赵清清
责任编辑：赵清清
内文设计：罗家洋
封面设计：王薯聿
责任印制：焦　洋
营销主管：穆　爽
出版发行：中国画报出版社
　　　　　（中国北京市海淀区车公庄西路 33 号 邮编：100048）
总编室兼传真：010-88417359
版　权　部：010-88417359
发　行　部：010-68469781 010-68414683（传真）
开　　　本：16 开（889mm×1194mm）
印　　　张：12.75
字　　　数：80千字
版　　　次：2021 年1月第1 版　2021 年1月第1 次印刷
印　　　刷：北京汇瑞嘉合文化发展有限公司
定　　　价：128.00 元
书　　　号：ISBN 978-7-5146-1984-3

游戏是人类生活的寓言。

《小丑游戏》,阿姆斯特丹:风筝牌,约 1890 年

目录

引　言　6

第一章：《赛鹅图》及其他动物主题游戏　10

第二章：《猫头鹰游戏》及其他衍生游戏　30

第三章：教育主题游戏——为了乐趣而学习？　50

第四章：道德和宗教主题游戏——学习如何守规矩！　72

第五章：旅行主题游戏——我们去哪里？　90

第六章：战争、围城和决斗主题游戏——想象力的较量　106

第七章：运动与休闲主题游戏——享受乐趣！　126

第八章：讽刺和批判主题游戏——会伤人的游戏！　144

第九章：广告和促销主题游戏——暗含广告的游戏　162

第十章：棋盘游戏去美国——寻求新事物　184

图片版权　204

引 言

印刷棋盘游戏最早出现在16世纪末。当时,像《赛鹅图》这类游戏从意大利传到了欧洲其他国家。《赛鹅图》是一种用骰子玩的简单游戏,本书将会在第一章进行介绍。起初,这些游戏设计简单,印在质地轻薄、韧性较差的纸上。到19世纪时,印刷棋盘游戏在美观和创意上都达到了新的高峰。事实上,19世纪伊始便开启了高端棋盘游戏市场的黄金时代,这些棋盘游戏雕刻精美,手工上色,可谓流光溢彩。但这些造价高昂的游戏面临着来自平版印刷这种新工艺的竞争,到19世纪末时,用蒸汽印刷机批量生产的游戏充斥着整个欧洲市场。可以说,无论是关于地理或历史之类的严肃主题,还是关于当下的时髦话题,只要是能想到的主题,都已经设计出了游戏。这些游戏的核心通常是骰子或一个叫做"四方陀螺[1]"的带编号的小旋转陀螺,走棋的时候没有其他的选择。尽管这些游戏仍有一定的趣味性,但如今,它们的价值在于它们如何反映了不同时代、不同地点的特定文化。其他的游戏都是为赌博而设计的,赢家会赢走全部。不过,有些是"思维类游戏",需要玩家认真思考。

本书将会介绍上述这些类型游戏的一些代表作品,分别来自英国、法国、德国、荷兰、比利时、西班牙和美国,覆盖范围广泛。有趣的是,我们能看到,在一个世纪过去后,游戏的焦点发生了怎样的变化——作为游戏鼻祖的《赛鹅图》如何为了适应新市场而得到了改进,而原本主要用于成人赌博的游戏也演变成了供家庭娱乐的儿童游戏。这些供家庭使用的游戏还有教育和道德游戏,主要目的是塑造年轻人的品格。在19世纪,随着交通越来越便捷,价格越来越实惠,表现旅游的游戏也出现了新花样。驿站马车被火车或汽船取代,

---

[1] 这种小陀螺因有四面而得名,玩家通过旋转它来决定输赢。陀螺上的四个字母,"T"代表全部,"A"代表拿走,"D"代表留下,N代表"无"。——译者注

而随着旅游观光的日益普及，表现贵族游遍欧洲的游戏日益淡出人们的视野，取而代之的是表现热门旅游目的地的游戏，如瑞士之旅游戏。供人们休闲娱乐的游戏越来越多，形式也越来越多样化。19世纪时，以讽刺为核心或意图传达强烈的政治信息的游戏开始不断出现，而且绝非是为儿童而设计。这些游戏巧妙地运用图片来传达信息，许多广告游戏也是如此，这些游戏在19世纪末开始出现，并在20世纪中不断发展变化。本书没有介绍国际象棋或国际跳棋等非印刷棋盘类游戏，由于到20世纪末时，彩色印刷的棋类比用木材或其他材料制作棋盘的棋类更加便宜（而广为流行）。

  本书主要介绍的是丰富多彩的欧洲游戏，但最后一章也展示了这些欧洲游戏如何引领和塑造了美国游戏的走向。在19世纪的前25年，美国流通的游戏都是从伦敦进口的，无论是在纽约、波士顿还是费城，广告中总是强调这是当下的"新游戏"。即使后来美国人推出了本土的游戏，也都是根据欧洲的那些耳熟能详的游戏改编而成，只是美国人并非总是自认不讳。1843年，美国艾维斯公司首次发行了游戏《幸福大厦》（Mansion of Happiness），后来成为美国最著名的游戏之一。事实上，这则游戏就是改编自19世纪初兴起的一个伦敦游戏，但美国公司并未承认。在19世纪后半叶，美国人的创造力开始崭露头角，最引人注目的当属1860年米尔顿·布拉德利创造的《人生棋盘游戏》，这个游戏意图改变棋盘游戏对社会的影响。本书中所描绘的游戏都有一个显著的特点——鲜明地代表了各自赖以生成的各色文化。几乎每一款游戏都包含大量令人惊喜的图案，可以从多个角度进行研究。服装、日常用品、职业和休闲娱乐都有大量的范例，且具有来源国和时代的典型特征。但深入研究这些游戏往往会发现，它们反映出来的社会和文化态度错综复杂，有时甚至令人不安……

《滑冰场》，巴黎：苏馨，约1900年

第一章
《赛鹅图》及其他动物主题游戏

中世纪时期的《赛鹅图》是一款快速而激烈的游戏，在欧洲广为流行，并在19世纪时有了一定的革新。游戏中的鹅经常被其他动物取代（如滑稽地模仿人类行为的猴子），给游戏增添了独特的幽默感。《赛鹅图》可能是所有印刷棋盘游戏中最有影响力的一个。在过去的几个世纪里，它已经衍生出数以千计的变种——全都是在螺旋赛道上进行的投掷游戏，没有走棋的选择，但是有各种各样的主题。即使在今天，仍旧有人在玩《赛鹅图》，也还有新的变种游戏产生，在荷兰尤为如此。

《赛鹅图》的最早记录来自于15世纪的意大利，当时政府建议人们不要玩它，或者说在法律上是明令禁止的——而这恰恰表明这款游戏很受欢迎。禁止的原因是这款游戏属于赌博，臭名昭著。实际上，16世纪末，当弗朗西斯科·德·美第奇派人给西班牙腓力二世的宫廷捎去这个游戏时，腓力身边的小丑贡萨利洛在信中跟他抱怨："我诅咒你的那个叫路易斯·多瓦拉的仆人，都怪他带来了这个用两个骰子玩的《赛鹅图》游戏……我们在托斯卡纳玩的这个游戏，上帝保佑，谁发明的这个游戏，谁就应该被烧死，可怜我那40斯库多[1]啊，全都输给王子、亲王和路易斯·特里斯坦了。"

当时，这种游戏通过印刷术传播到欧洲其他国家，两百多年间一直很受欢迎。要想了解为什么它曾经（现在仍然）是一款如此优秀的游戏，我们可以看看当今荷兰专门为青少年设计的新《赛鹅图》娱乐游戏。尽管这款游戏以"全新"的形式呈现，但它的版本和规则与贡萨利洛和当时的西班牙官廷当时玩的如出一辙。事实上，这款经典的《赛鹅图》只对原版的游戏规则做了很小的改动，因此在整个西欧可谓无人不知。

仔细观察这款游戏，就能发现其因何得名：赛道的许多格子里都有鹅。为什么是鹅呢？可能因为在意大利，鹅是一种幸运的象征——在游戏中通常能带来好运。如果玩家的棋子落在了有鹅的格子，他便可以立即再往前走相同的点数，也就是得到了双倍的点数。游戏共有两个骰子，投掷后把两个的点数加在一起。赛道并不长，只有63个格子，玩起来很有趣味。但是会出现这样一个问题：如果玩家第一回合就掷出了9点，便会直接来到一个有鹅的格子，那么理论上这个玩家应该再走9步，来到第18格，然后再跳到第27格，就这样可以一路走到终点，直接获得胜利。为了防止出现这种情况，游戏制定了一个特殊

1　斯库多（scudi），意大利16—19世纪的货币。——编者注

的规则，来限制第一次就掷出9点的情况。这个特殊规则规定，如果玩家掷出9点，则需要走到第26格或第53格，并用一对骰子来做特殊标记。所以，尽管玩家掷出9点后不会马上赢，却仍是幸运的一步，尤其是来到第53格，因为这样很有可能再投掷一次就获得胜利。

不过，通常情况下，取得胜利并不容易。棋盘上有几处危险格，如果玩家不幸走到这里，则必须在奖池中押一个筹码。筹码可大可小——如果孩子们玩，最受欢迎的常常是糖果、坚果或小饼干。最可怕的危险格是死亡格（第58格），如果玩家走到这里，就必须重新开始。但是陷阱格和监狱格也很不幸：如果玩家走到这里，就必须等待另一个玩家来取代自己的位置，也就是解救你。有不少游戏都有这样一个问题，玩家必须扔出某个精确的点数才能获胜，这让人觉得沉闷。而让《赛鹅图》很受欢迎的一个规则是，如果玩家扔出的点数超过了赛道上还没走的步数，就继续把没走完的点数倒着走回去。这让人玩起来很兴奋。例如，倒着走的时候可能会走到第58格，也就是死亡格，那么就只能重新开始。或者也可能会走到有鹅的格子，这样就会再得到一次点数——但现在额外的点数只会让你离终点更远。有时候，游戏会玩上很多轮，自有乐趣。这款经典游戏的不可预测之处或许是使其如此成功的部分原因。

我们一直在研究游戏的规则。但另一种看待这个游戏的方式是把它当作人类生活的寓言。在这里，鹅代表着积极的事情，甚至可能象征着通往天堂的精神之旅中来自天堂的帮助，而危险格则代表着沿途遇到的麻烦。根据这种解释，第一个危险格，也就是第6格的桥代表通往成年的仪式；第19格的旅馆（需要停一轮）代表把时间浪费在了世俗的享乐上；第31格的陷阱象征着玩家遇到了严重的麻烦，需要别人的帮助；第42格的迷宫（需要退回去）意味着玩家迷路了；第52格的监狱象征着严重的错误；第58格的死亡意味着灵魂的死亡，所以精神之旅必须重新开始。这样的解释对于中世纪的游戏来说并不牵强附会，因为在那个时代游戏的象征意义颇为重要。游戏中的数字命理学也支持这一分析：例如，从古典时期开始，终点数字63就与"大转折"联系在一起，而人生中的重大危机将会发生在63岁。这些鹅分为两列，两列中每只鹅之间都相差9格，让人想起数字9的神秘宗教意义，即"三倍三位一体"[1]。但是到了19世纪，这些想法早已被遗忘，《赛鹅图》只是一个游戏而已。

1　三倍三位一体（Trinity of Trinities），在西方宗教中数字3代表"三位一体"，数字6是数字3的2倍，是为双重完美（the perfect dual）而数字9是数字3的3倍，则为"多重完美"（the perfect plural）。——编者注

Het vernieuwd vermakelijk Kinder Ganze Spel, voor de N...

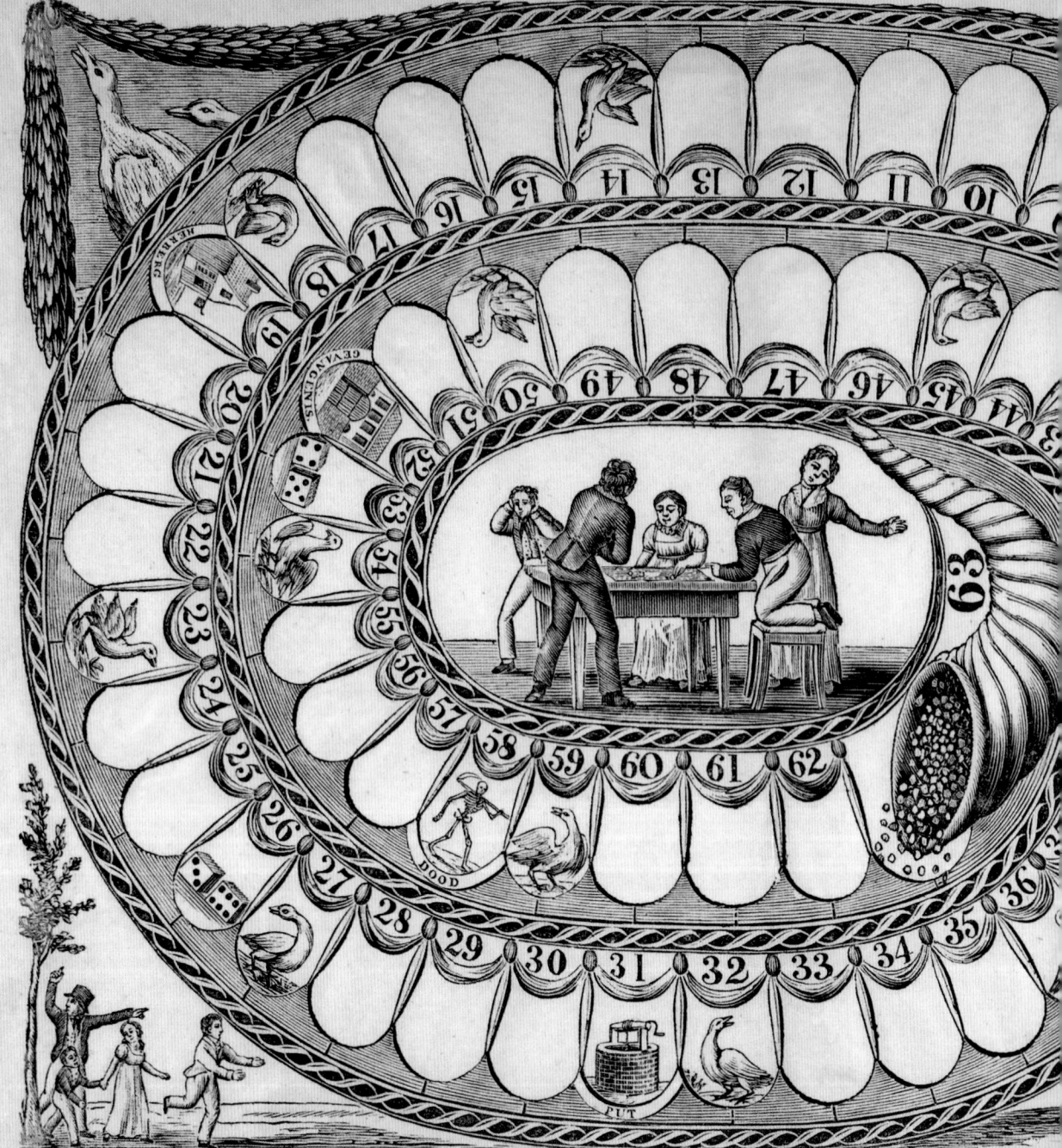

REGLEMENT OP HET VERNIEUWD VERMAKELIJK KINDER GANZE...

I. Men neemt twee dobbelsteenen, welke aan alle zijde met oogen geteekend zijn.
II. Men werpt met de steenen, wie eerst speelt.
III. Die in het begin, of de eerste reis, 6 en 3 oogen werpt gaat tot No. 26, en die 5 en 4 oogen werpt, zet zich op No. 53.
IV. Die werpt, dat hij op een GANS komt, mag nog weder voortellen, zoo veel oogen, als hij heeft geworpen, tot dat hij komt, daar waar geen GANS staat.
V. Die werpt, dat hij op de BRUG komt, betaald, doch die dubbeld betalen wil, gaat tot No. 12.
VI. Die werpt, dat hij in de HERBERG komt, moet zijn gelag betalen, en zijn beurt ééns laten voorbij gaan.
VII. Die werpt, dat hij in de PUT komt, moet betalen, en zoo lang blijven staan, tot dat hij van een ander verlost word.
VIII. Die werpt dat hij in den DOOLHO... komt, moet betalen en drie oogen weder ter... tellen.
IX. Die werpt, dat hij in de GEVANGEN... komt, moet sluitgeld betalen, en zoo lang bl... ven, tot dat hij weder van een ander verle... word.
X. Die werpt dat hij op de DOOD kom... moet betalen en weder op nieuw, van vo... af beginnen te spelen.

Te Zalt-Bommel, bij JOHANNES NOMAN, Boekdrukker.

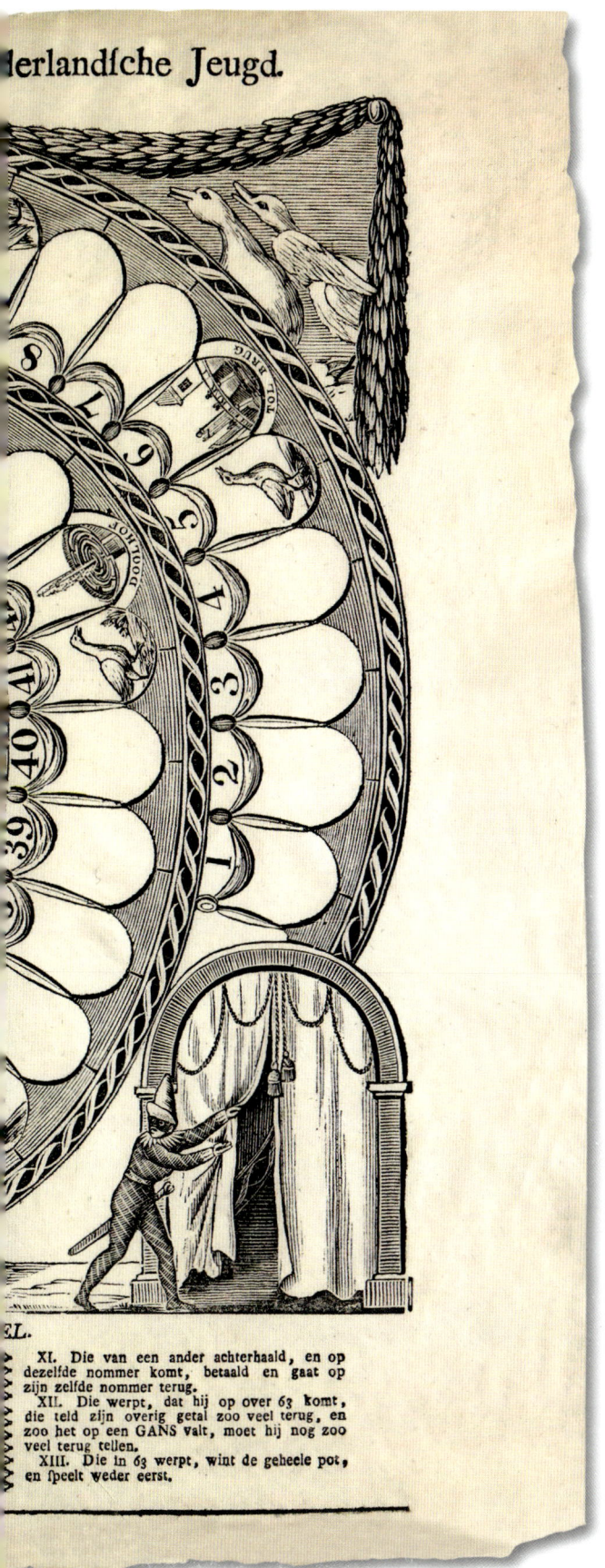

新《赛鹅图》儿童娱乐游戏
专为荷兰青少年设计

扎尔特－博梅尔：诺曼公司

New and entertaining Children's Game of the Goose, for the Youth of the Netherlands. Zalt-Bommel: Noman

约 1825 年

不管这款游戏如何出众，到 19 世纪初时，《赛鹅图》已然过时，至少在成年人的眼中如此。渐渐地，它开始成为孩子们的游戏。这种转变可以从荷兰的这款游戏中看出端倪：棋盘中心有一个装饰物，表明玩这款游戏的群体是青少年。很明显，这吸引了孩子们的注意力——左边的男孩几乎忍不住想看。这款游戏雕刻精良，第 58 格上画着关于死亡的精美图案：一具骷髅肩扛镰刀，大步向前。后来的儿童版游戏通常会弱化死亡的形象，使用不那么恐怖的图案。终点的胜利格展现了一个巨大的"丰饶之角"，而不是更为常见的天堂花园。

《赛鹅图》

埃皮纳勒：皮诺 & 萨戈埃尔公司

Game of the Goose.

Épinal: Pinot & Sagaire

约 1860 年

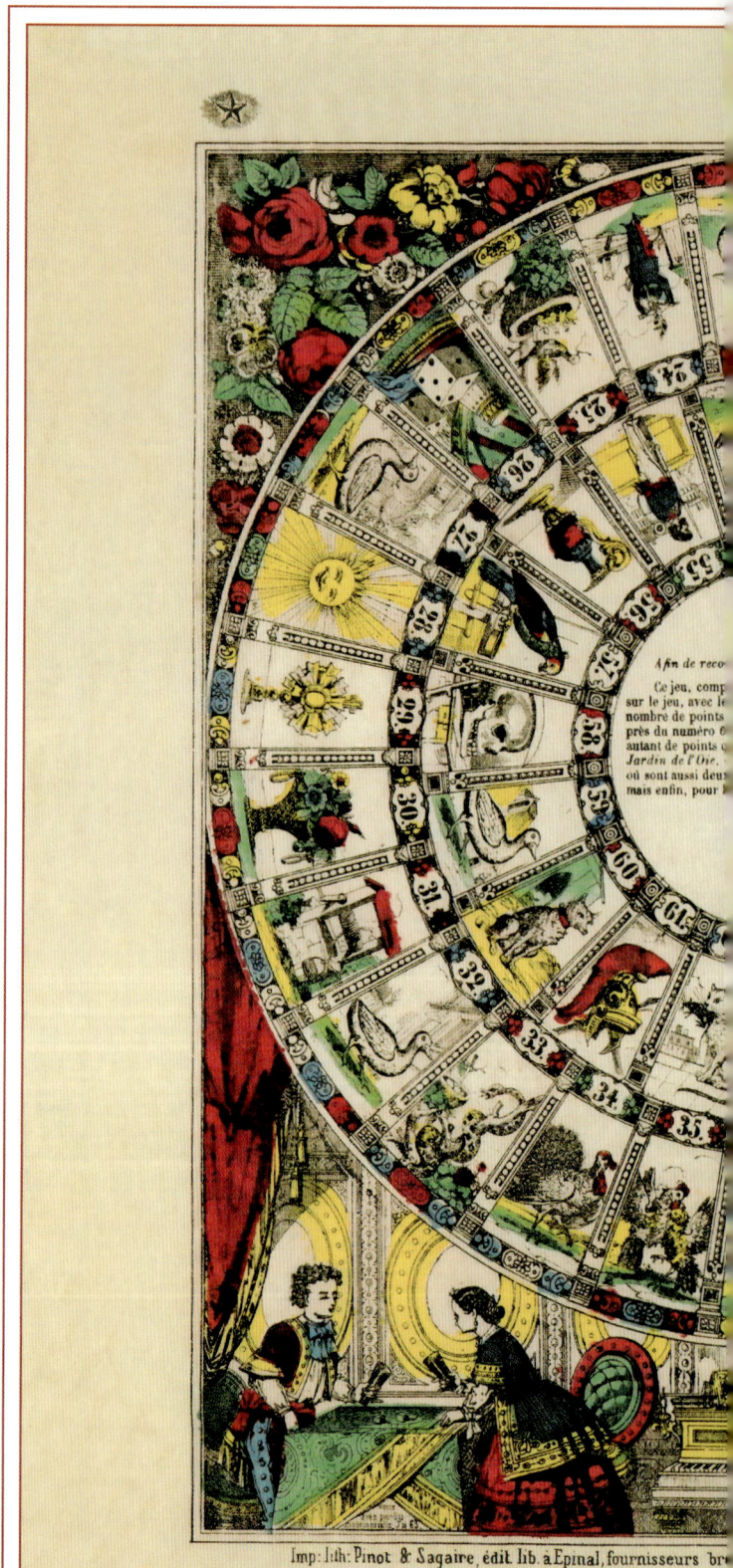

这款新游戏源自法国，其历史可以追溯到1860年。虽然这个游戏看起来与荷兰的游戏非常不同，但它其实仍然是传统版的《赛鹅图》[1]。主要的不同之处在于非活跃格，也就是让玩家的棋子停留一轮的格子。原来这类格子都是空白的，而法国版的加上了生动的图案装饰。这些格子是为了使游戏更有吸引力，但缺点是在视觉上分散了玩家对活跃格（有带鹅的奖励格和危险格）的关注，因此使游戏不太容易玩。在这个例子中，装饰赛道的图案没有特定的主题，只是供孩子们欣赏。在左下角，一个年轻男子正在和一个女孩玩游戏："你输了，小姐——我到第63格了！"这款游戏是在法国东北部的埃皮纳勒省生产的，那里生产大量的印刷制品——不仅有游戏，还有各种流行的印刷品——已经发展成为一个大型的国际产业。这种游戏的制作成本不高，用的是廉价的机器造纸，涂色也很粗糙，每种颜色都是用丝网镂孔版刮印而成（即丝网印法）。游戏棋子印在侧面，剪下来粘在一起就能用了。

1　法语为 "Jeu de l'oie"。——译者注

《皇家赛鹅图》

伦敦：爱德华·沃利斯

The Royal Game of Goose.
London: Edward Wallis

约 1840 年

以鹅的形状展现棋盘的游戏最早出现于 19 世纪初。这款游戏的发明者是伦敦的爱德华·沃利斯（用小字标记在了其中一枚蛋上），可以追溯到约 1840 年。当时在英国，《赛鹅图》已经不那么流行了。虽然大鹅给人留下了很深的印象，但游戏几乎与传统版本并无两样。主要的区别是前两只鹅没有出现在赛道上，英国的《赛鹅图》就经常如此。这就意味着不用专门为第一轮就掷出 9 点来制定特殊规则了，也就没有了快速取胜的机会。也许清教徒式的英国人认为快速取胜不够公平，所以他们去掉了这两只鹅。游戏规定每位玩家必须拥有 12 个鱼形（fish）筹码——"fish"是法语单词"fiches"的变体，意思是在游戏中将筹码用作赌注。英国筹码的形状通常像鱼，这是一种双关的说法。

《赛鹅图》

米兰：埃利塞奥·马基

Game of the Goose.
Milan: Eliseo Macchi

约 1900 年

一些《赛鹅图》是传统版本的拓展，赛道从 63 格增加到 90 格。这个拓展版来自意大利，意大利人认为 90 是特别幸运的数字，因为意大利国家彩票就是从 90 个球中抽出中奖号码的。19 世纪 60 年代以后，意大利统一的早期成果之一就是将各省的彩票进行合并，这引起了人们对赌博的极大兴趣。这款游戏的制作方为了防止玩家的筹码提早用完，表示根据事先的协议，这款游戏可以按老方式进行，也就是将 63 格作为最后一格。延伸《赛鹅图》的赛道并非难事，每 9 个格子放一只鹅，直到赛道的终点即可，但是在这中间必须增加新的危险格：如，第 71 格的"喷泉"是一个障碍物，第 82 格的"高塔"与"监狱"的规则相同。

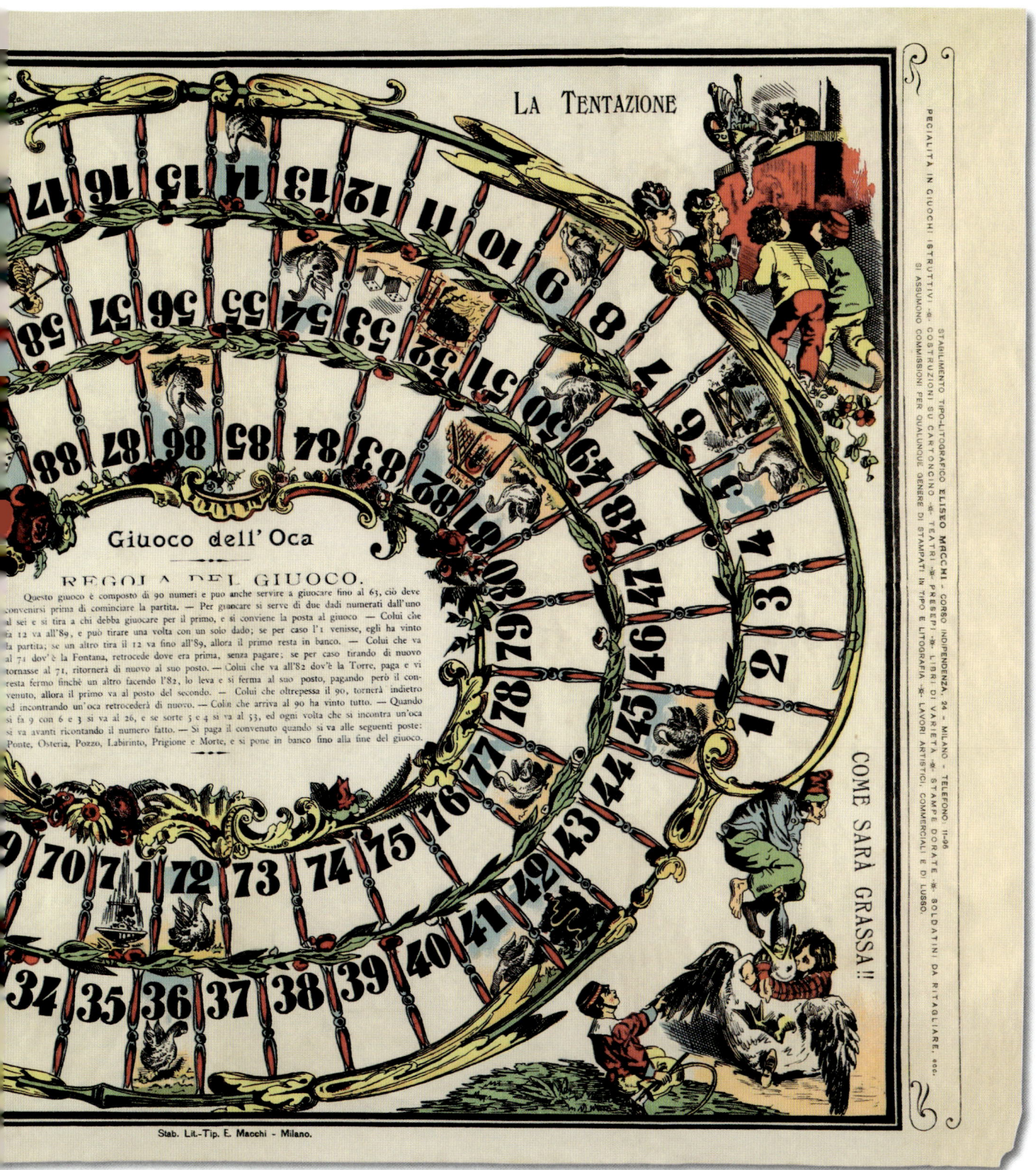

《新改进版赛鹅图》

纽伦堡：坎普

New Improved Goose Game. Nuremberg: Campe

约 1820 年

19世纪德国的《赛鹅图》与传统版本相差甚远，规则上有很大的变化。《新改进版赛鹅图》虽然也有传统的63格，但有几个不同的特点，其中一个特点就是对危险格进行了改进。最有趣的特征是这些鹅（只有一列，而不是通常的两列）既有朝着终点方向的，也有朝向起点方向的。印在棋盘下的规则明确指出，那些朝向终点的鹅的格子同样能得到双倍的点数；而那些朝向起点的鹅的格子则表示停走一次，玩家不能前进。这一规则似乎只在德国游戏中明确存在；但在荷兰，玩家在达成一致后也可以应用类似的规则，尽管说明书上并没有明确规定。

Neues verbessertes Gänse-Spiel.

《赛猴图》

梅茨:戴尔浩特

Game of the Monkeys. Metz: Delhalt

约 1880 年

不少升级后的《赛鹅图》都将鹅换成了猴子。这个想法并不新鲜:事实上,早在 1588 年,意大利就已经印刷了这种替换的游戏,所以可以与最早印刷的《赛鹅图》相媲美。在不同的时期,人们都热衷于把猴子画成拟人化的滑稽漫画,但在 19 世纪,印刷游戏便顺应了这一潮流。有时,《赛猴图》和原来的《赛鹅图》完全一样,只不过将鹅换成了猴子,法国东北部梅茨地区生产的版本正是这样。这个版本最有趣的就是赛道边滑稽的猴子形象。猴子做的事全都是人类的活动,有的吸着烟,有的穿着讲究的衣服散着步,还有的试图去抓蝴蝶。赛道外的装饰也值得一看,尤其是下缘的位置,两只猴子正在激烈地掷骰子。

《新赛猴图》

伦敦：沃利斯

The New Game of the Monkey. London: Wallis

1820 年

我们要介绍的第二个和猴子有关的游戏是一款英国的游戏。《新赛猴图》最初看起来是一款标准的63格《赛鹅图》，只是用猴子代替了鹅，但实际上仍有几个不同之处。游戏中没有走双倍点数的玩法，每个猴子格有各自的规则。例如，走到"跳舞的猴子"一格时，玩家必须支付一个筹码作为学习跳舞的代价；走到"猴子士兵"一格时，可以前进到第13格；走到"花花公子"一格时，玩家必须为愚蠢的行为付出两个筹码。然而，危险格和《赛鹅图》中的类似，位置也一样。例如，走到"桥梁"一格时，玩家必须支付一个筹码作为通行费；到"酒馆"一格时，玩家必须留下来喝酒，停走一轮；走到"陷阱"时，玩家要一直等到其他玩家把他救出来才能继续前进；第58格上画着一个自杀的赌徒，就像死亡格一样，玩家只能从头再来。

游戏角落处的装饰很有趣，虽然它们与游戏无关。其中一个角落上画着一位法官对着一条红鲱鱼发呆，而底端画着一本书，只能看到书名的开头是"布莱克"[1]。另一侧的角落里是两只猴子正在鞭打一条被绳子拴在平底锅上的狗。而在上方的一角中，一只猴子在镜子里自我欣赏，而最后一个角落中，一只猴子被困在一个钢制的陷阱里——可能是一个反奴隶制的形象吧？第14格的"女士"用一个平底锅当帽子，很像泰尼尔在刘易斯·卡罗尔的《爱丽丝镜中奇遇记》中画的孪生胖兄弟，但这个形象比游戏中的晚了几十年。第23格的猴子装扮成小红帽，第18格的猴子把风箱当帽子，这个游戏展示了精彩的英式疯狂！

---

1 其实是布莱克斯通所著的《英国法释义》(*Commentaries on the Laws of England*)

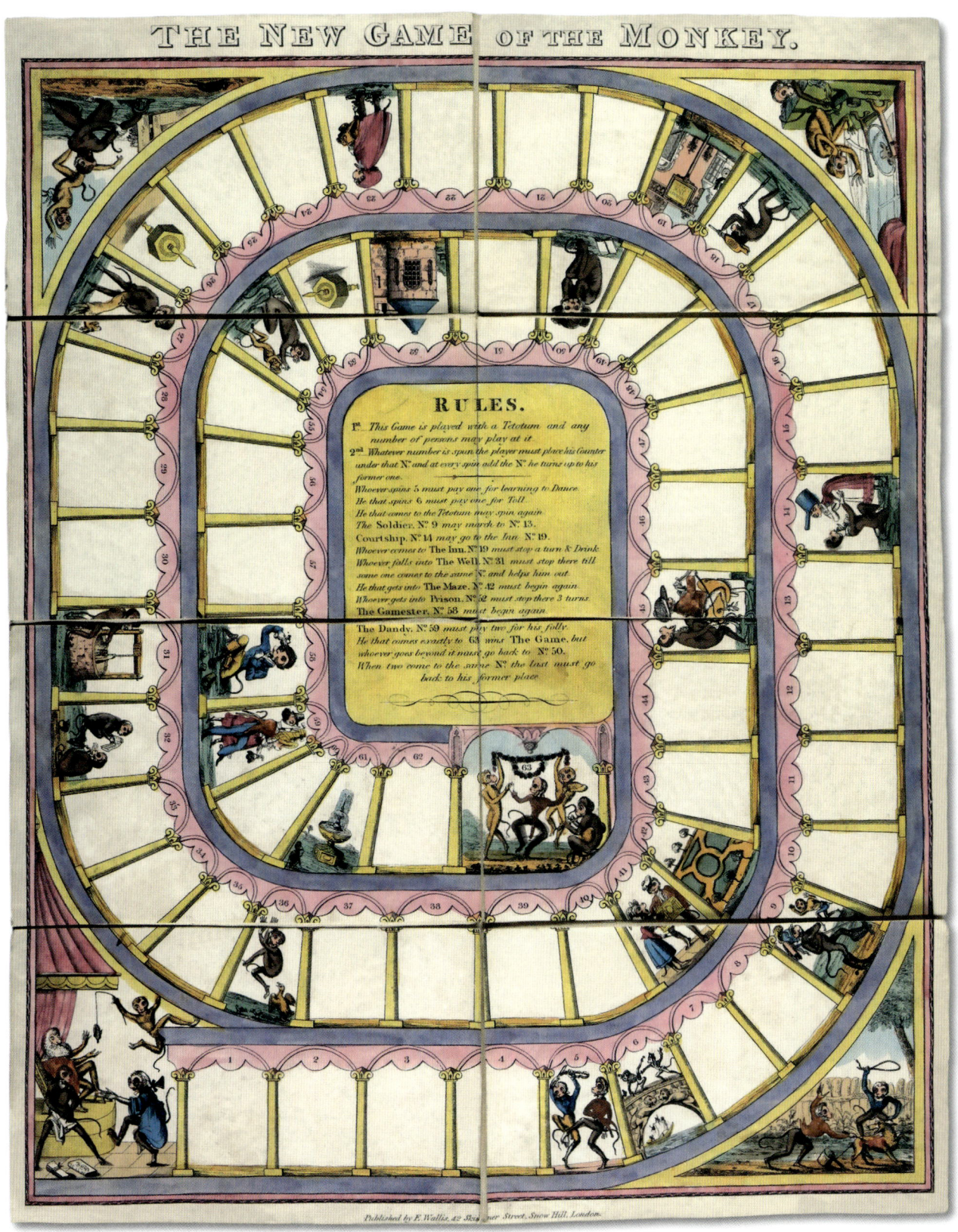

THE HARE AND THE TORTOISE:

London: Published by William Spooner 379 Strand Novr 5th 1849

《龟兔赛跑》

伦敦：斯普纳

The Hare and the Tortoise.
London: Spooner

1849 年

在更新《赛鹅图》的过程中，我们在游戏中看到越来越多的动物。《龟兔赛跑》于1859年在伦敦发行，是一款美丽的彩色印刷游戏。赛道分成两部分，一部分在精美的兔子图案上，另一部分在更加豪华的乌龟图案上。这种设计是一种创新。赛道从兔子的左后脚开始，之后在两腿之间蜿蜒向前直到第8格，但第9格在乌龟身上，之后赛道又转回到兔子身上，然后再次出发。玩家如果走到画有兔子图案的格子，则必须停玩一轮，还得支付两个筹码。而那些出现乌龟图案的格子则像在《赛鹅图》中一样使玩家点数加倍，而且乌龟赛道的许多格子都会奖励玩家三个筹码。最后是危险格，这让人联想到《赛鹅图》。这个游戏和鹅的赛道长度一样，都有63个格子。玩家在走棋时需要保持警惕："只要走棋时走错了位置，都需要向奖池支付两个筹码。"

《新龟兔赛跑》

魏森伯格：G. 伯克哈特的继承者

New Game of the Hare.

Weissenberg: G Burkhardt's successors

19 世纪末

打猎一直是德国人最喜爱的消遣方式，而《新龟兔赛跑》的游戏也引入了打猎的元素。这个游戏设计简单，只需要用两个骰子来玩，但是从棋盘看，游戏规则并不明显。例如，第 34、45、58 和 64 格都有兔子图像，这里的作用是停止，玩家必须回到掷骰子之前的位置。其他带有兔子图像的格子则没有这种作用。在这个例子中，之前的游戏主人在障碍格上打了叉，以帮助记忆游戏规则。例如，第 57 格中描绘了一个把兔子追丢了的猎人，玩家走到这一格时需要重新开始。

Neues Hasen-Spiel.

No. 1072.

Dieses Spiel wird mit zwei Würfeln gespielt und jeder Spieler versieht sich mit einem anderen Zeichen, um die geworfene Nummer zu besetzen. Jeder Spieler setzt 6 Marken in die Kasse. Wer beim Anspielen 1 und 6 wirft, erhält 3 Marken aus der Kasse und geht auf Nr. 12. Wirft man beim Anspielen 1 und 2, so setzt man sein Zeichen auf Nr. 26. Wirft man beim Anspielen 12, so zahlt man 6 Marken in die Kasse. Auf Nr. 19 zahlt man 4 Marken in die Kasse. Wer auf die Hasen 34, 45, 58 und 64 kommt, zahlt 2 Marken und geht auf seinen letzten Platz zurück. Auf Nr. 57 bezahlt der Spieler 3 Marken in die Kasse und fängt von vorne an zu spielen. Auf Nr. 60 muß man sitzen bleiben bis jeder Spieler 3 Mal gewürfelt hat. Wer auf Nr. 67 kommt, darf nicht mehr mitspielen. Würfe über Nr. 73 hinaus werden zurückgezählt. Wer auf Nr. 73 kommt, hat das Spiel gewonnen.

Druck und Verlag von C. Burckardt's Nachfolger in Weißenburg (Elsaß).

第二章
《猫头鹰游戏》及其他衍生游戏

在《猫头鹰游戏》中,玩家根据投掷骰子的结果向奖池中投注筹码,或取走筹码——掷出6的话就能赢走奖池的所有筹码。许多主题游戏都有这种简单的博彩机制。

这一章介绍的是各种各样的"彩票"游戏。有些是"奖池"游戏,玩家往罐子里投掷筹码或者取走筹码,筹码最后都落入赢家手中。年代最久远的要属《猫头鹰游戏》。尽管经常有人错误地认为这款游戏是《赛鹅图》的变形,但它与前一章的游戏完全不同。事实上,能否将其定义为棋盘游戏仍是没有定论的。这款游戏有一张游戏棋盘,但没有棋子,而这张棋盘实际上只是一套指令,告诉玩家什么时候向赢家的筹码奖池付钱,什么时候从筹码奖池里拿钱。有使用两个骰子和使用三个骰子的版本,但所有的版本都清楚展示了所用骰子的每一种可能的组合。因此,每一次投掷都会产生一个明确的指令,告诉玩家该往罐子里放入多少筹码,或取走多少筹码。在许多形式的游戏中,如果玩家掷出的骰子都是6,游戏就结束了。然而,有些游戏形式要求更高。在这些游戏中,每个玩家都要玩到将自己的钱用光(玩家通常是男人)。只剩下一个人的时候("最后一个站着的人"),他将拿走罐子里的所有东西。和《赛鹅图》一样,《猫头鹰游戏》可以同多种主题相结合。

目前已知的最古老的版本是17世纪早期在巴黎蒙托吉尔地区制作的一幅独特的印刷棋盘,现在收藏于法国国家图书馆。然而,这个游戏可能更古老:它的名字来自德国蒂尔·欧蓝斯皮格尔(Till Eulenspiegel)创作的民间故事,16世纪早期有了印刷的版本,但实际出现的时间可能还要早一个世纪。蒂尔是不伦瑞克[1]人,他在欧洲各地游荡,对每个人开各种各样的玩笑,揭露他们的罪恶,游戏棋盘上经常描绘有关他的一些趣事。

---

[1] 不伦瑞克,德国下萨克森州东部的一座城市。——编者注(后文均为编者注,不再赘述。)

另一种博彩游戏是德国《数字7的游戏》，约从1600年开始为人所知。它通常用两个骰子来玩。这里的游戏棋盘是筹码布局图，赛道从第2格延续到第12格，第7格在中间，其他的通常在它周围围成一个圆圈。规则也很简单。将骰子投出后的数字相加就是玩家往前走的点数。玩家在投出2（即两个骰子都是1）或12（两个骰子都是6）或7之外的点数时，就把一枚硬币放在棋盘相应的格子内，假设当时那个格子是空着的。如果那个格子不是空的，玩家就拿这枚硬币。如果玩家投出7，就在中间的格子加一枚硬币，7这一格的筹码可以无限增加。如果玩家投出的是2，就把押在中间数字周围一圈所有格子的硬币都拿走。如果玩家掷出的是12，就得到棋盘上所有的钱，包括第7格上的钱。这个游戏也适用于许多主题。最臭名昭著的一个版本是《犹太人的游戏》，因为游戏暗含反犹太人的内涵，棋盘的中间画着一个正在数钱的犹太漫画人物。

《猫头鹰游戏》和《数字7的游戏》都是彻头彻尾的赌博游戏，它们最初的形式肯定与酒馆的下层生活有关。但在19世纪，这些游戏的改良版印刷精美，形象无害，受到去沙龙娱乐的中上层阶级的欢迎。

第三种博彩游戏是仿照16世纪意大利的《罗马游戏》设计的。在这款游戏中，每个玩家依次从袋子或帽子中抽出有插图的小卡片。而游戏棋盘上画着和这些卡片上一模一样的图案，作为筹码布局图。庄家收集筹码并按固定的赔率支付。游戏通常使用的是一张印着图案的厚卡片，上面有两套一样的图案。将其中一套裁下来放在袋子里，而另一套则原封不动，用作筹码布局图。有的版本将一套图案印在纸上，玩家玩的时候将其裁下来，从袋子中抽取。在这个版本中，每个图案都有一个说明，告诉玩家该付多少钱或从奖池中取走多少奖励，和《猫头鹰游戏》中一样。19世纪时，这个游戏很受儿童的欢迎。

《猫头鹰游戏》

蒂伦豪特：布雷博尔

Game of the Owl. Turnhout: Brepols

约 1845 年

这款比利时的《猫头鹰游戏》需用到 3 个骰子。游戏说明给出了每一个可能投出的点数所对应的指令。如果对应的指令是"B"（来自佛兰德语"betaal"，意思是"投注"），那么玩家必须向奖池支付指定数量的筹码。同样，如果对应的指令是"T"（来自佛兰德语 trek，意思是"赢走"），玩家则从奖池中取走指定数量的筹码。最好的结果是三个骰子投出一样的数字。如果投掷出 3 个一样的数字，则可以拿走奖池的一半筹码，而如果投出 3 个"6"，则拿走奖池中的所有筹码，游戏重新开始。

这款游戏是为了致敬《捣蛋鬼提尔》[1]这个故事，棋盘的中间插图是一只猫头鹰站在镜子旁边，这证实了我们的推测。然而，这个版本到 19 世纪时已得到了"净化"，所以这些图案已无伤大雅。然而，有些图案却相当诙谐：掷 6、6、1 的结果是一张肥皂泡的图案，上面的指令是"什么也不做，既不付钱，也不拿钱"。

---

1 《捣蛋鬼提尔》（*Till Eulenspiegel*），是中古低地德语区的民间笑话集。其中德语名"Eulenspiegel"分别由单词"猫头鹰"（Eule）和"镜子"（Spiegel）组成。所以与该文集相关的图像常表现为猫头鹰和镜子。

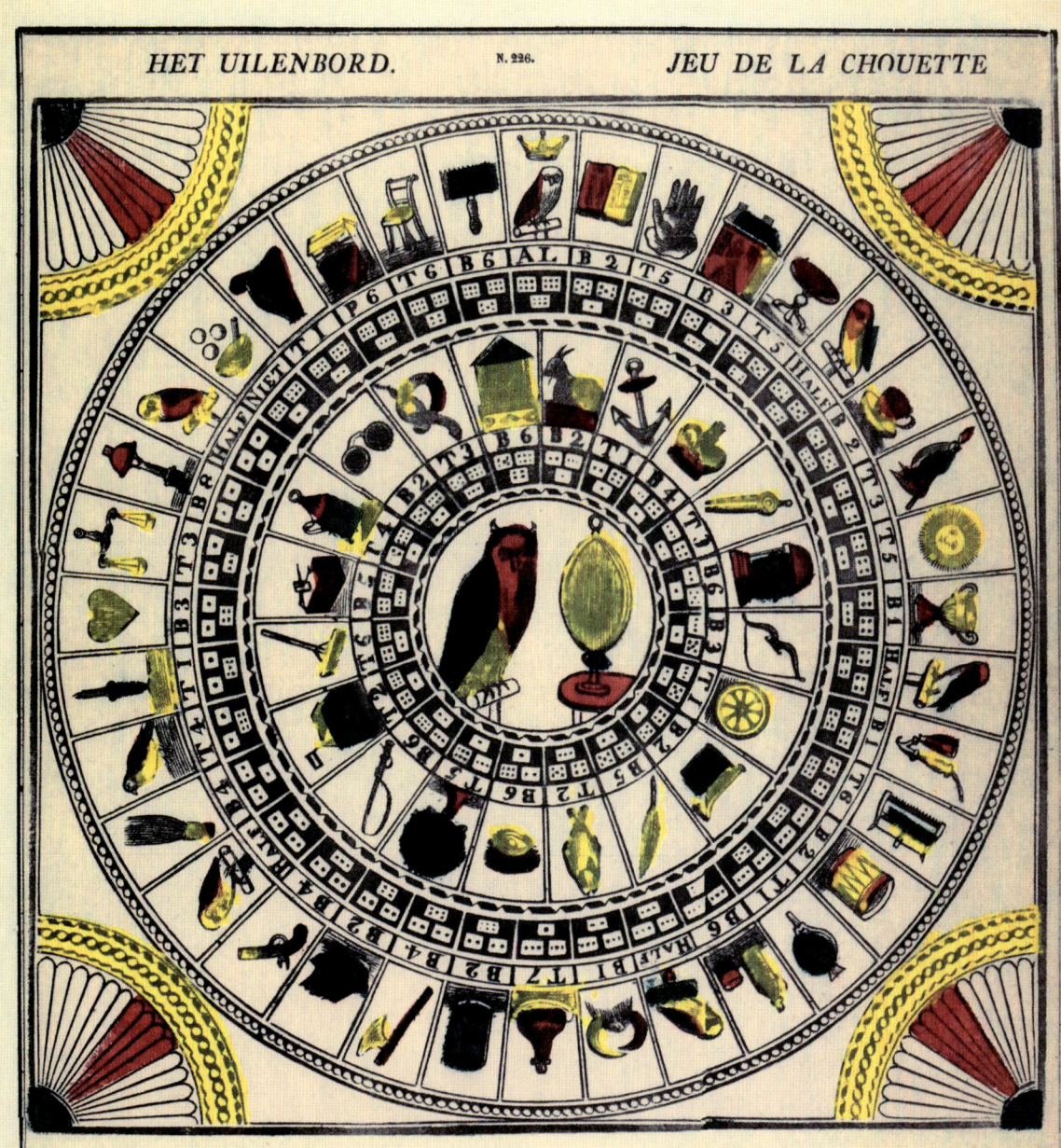

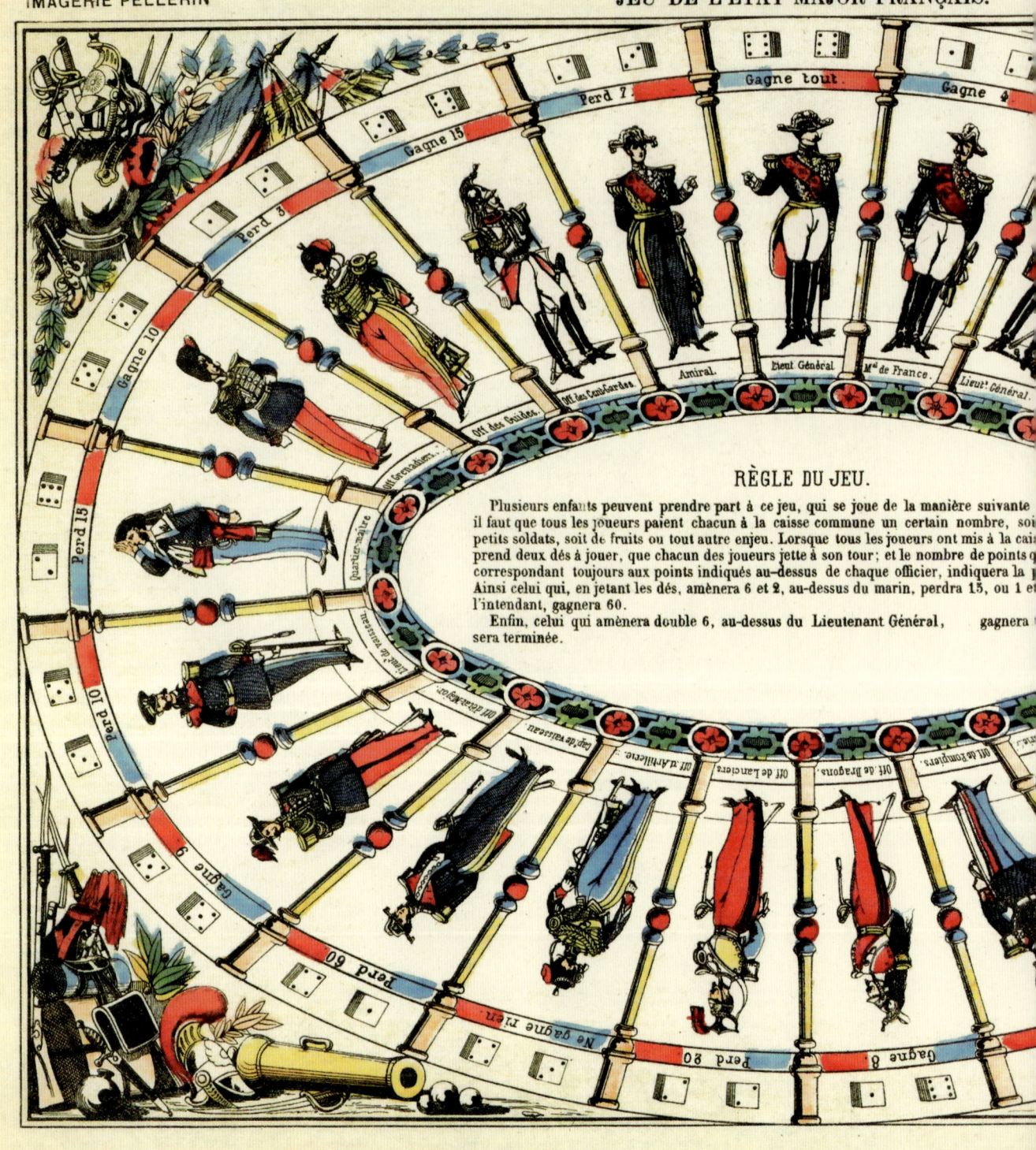

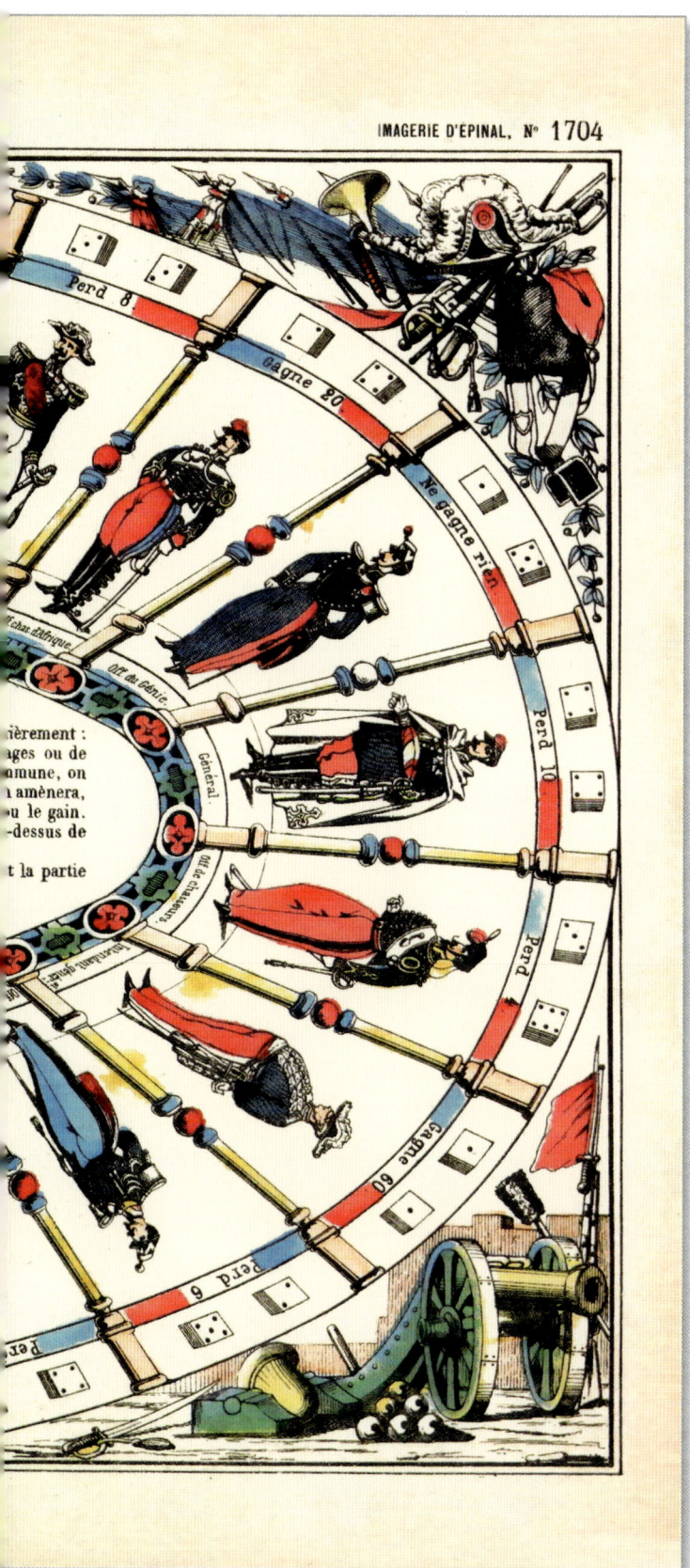

《法国总参谋部游戏》

埃皮纳勒：佩尔兰公司

Game of the French General Military Staff.
Épinal: Pellerin

约 1880 年

这款游戏改编自法国版的《猫头鹰游戏》，以法国武装部队军官为主题。游戏有两个骰子，每个可能投出的点数都与一个特定的官员有关。如果投出两个 6 则与中将有关——在早期的版本中，两个 6 对应的是拿破仑三世。让人感到惊讶的是，法国元帅与胜利无关，可能是因为在 19 世纪，这只是一个荣誉的任命，而不是法国武装部队领导人的头衔。游戏说明解释该游戏是专为儿童设计的，孩子玩这个是为了赢得"图案、玩具士兵、水果或其他筹码"。这曾经是个酒馆里玩的游戏，后来被改编为上流社会的游戏，由埃皮纳勒地区著名的佩尔兰（Pellerin）公司制作，以埃皮纳勒版画闻名。他们制作的廉价木版棋盘有军事题材、故事人物、宗教主题，以及用纸牌制作的玩具（还有许多其他的主题）。这些木版棋盘在 19 世纪广为流传。这家公司至今仍在运营。

《船的游戏》

米兰：坦布瑞尼

Game of the Ship. Milan: Tamburini

约 1860 年

意大利的《船的游戏》是《数字7的游戏》的变体，也是用两个骰子玩。游戏棋盘上用意大利语写着规则，与本章引言中所概述的《数字7的游戏》的规则几近相同。因此，当玩家掷出7时，就往位于中心船的图案处放筹码。米兰的这款游戏诞生于19世纪早期，棋盘不是像后期大规模生产的那样用漏字板上色，而是人用刷子手工上色的，相当精美。船体设计大胆，竖立着大炮，属于木刻印版，但游戏规则是印刷出来的印刷字体。棋盘周围是一圈常见的装饰图案。与高档印刷厂所喜欢的昂贵的铜版雕刻相比，这种制作方法制出的游戏更受市场欢迎，其质量中等，显得经济实惠。

IL VERO GIUOCO DELLA BARCA

DICHIARAZIONE SOPRA IL GIUOCO DELLA BARCA.

Al Giuoco della Barca si pigliano due dadi disegnati da tutte le parti: poi si fa chi prima debba tirare, quindi s'incomincia.

I. Chi fa 3. 4. 5. 6. 8. 9. 10. 11. metterà sopra i detti numeri una moneta, e se nei suddetti numeri vi è qualche moneta si leva.

II. Chi fa 7. metterà sempre una moneta in Barca.

III. Chi fa 2. leverà tutte le monete che si trovano sopra i numeri all'intorno.

IV. Chi fa 12. leverà tutte le monete che si trovano sopra i numeri ed anche quelli che si trovano nella Barca.

Si vende in Milano nella Stamperia di Gio. Tamburini in contrada di S. Raffaele.

《小丑的游戏》

蒂伦豪特:布雷博尔

Game of Harlequin. Turnhout: Brepols

19世纪末

《数字7的游戏》有许多不同的名称,相应地也有不同的主题。《小丑的游戏》看起来完全无害,但事实并非如此。在这个游戏里,2或12只是普通的数字,就算掷出也不适用于特殊规则,因此游戏并不会快速结束。按照通常的方式,投掷7会让玩家的钱都累积在中心人物小丑的身上。但这款游戏规定,直到除一人之外的所有玩家的钱都用完,游戏才结束,剩下的那个玩家拿走奖池的所有筹码。不过有这样一条特殊的规则,当一个玩家的钱用完时,可以免费投掷最后一次,之后这个玩家必须离开游戏。

《喝酒,汉斯,喝酒!》

德国:发行人不详

Drink, Hansel, Drink! Germany: publisher unknown

约 1900 年

　　《喝酒,汉斯,喝酒!》(游戏名字出现在一张单独的游戏规则页上)也是《数字7的游戏》的滑稽变体,棋盘是明亮的彩色平板印刷木板,19世纪末的一个德国游戏概览曾收录这个游戏。游戏规则上说,这项游戏起源于"上巴伐利亚州或奥地利阿尔卑斯山区",但没有证据证明这一点。"留下来的最后一个人"是胜者,就像之前的游戏一样,但是这里的规则规定每个玩家开始时只有四个筹码,所以对每个人都是公平的,适合孩子们玩。游戏的形象也印证了这一点,其人物颜色亮丽,可能来自德国民间故事。

《小贩的游戏》
英国：发行人不详
Game of the Pedlar. England: publisher unknown
19世纪后期

  虽然英国早在19世纪早期就发行过《犹太人的游戏》，但《数字7的游戏》这类游戏在英国并不多见。《小贩的游戏》是一种罕见的变体。它的规则类似于《船的游戏》，不过同时掷出两个1并没有特殊规则。游戏规则规定使用两个骰子或一个有12个边角的陀螺，但却没有考虑到如果陀螺只掷出一个1怎么办，因为游戏规则上没有写这个数字！

The Game of the Pedlar.

DIRECTIONS.

This Game is played either with a pair of Dice or Teetotum marked with 12 sides, & any number of persons can play. In order to decide who shall begin the game, each person throws & the highest number plays first; & the number thrown he must cover with a counter the corresponding one on the Board, each in their turn doing the same, providing it is uncovered; if it is already covered, he claims the counter on that particular number: exception is taken to No 7, any one throwing that number pays to "The Pedlar" which remains until one of the party throws 12 and he clears the Board, including "The Pedlar", and the game recommences.

ENTERED AT STATIONERS HALL.

《苹果的游戏——新桑给巴尔》

法国：发行人不详

Game of the Apple – New Zanzibar.

France: publisher unknown

19 世纪末

  这一款游戏是罕见的法国版《数字7的游戏》，它的名字很有趣：《苹果的游戏——新桑给巴尔》。19世纪晚期的法国，"桑给巴尔"是一种街头黑话，指的是一种用三个骰子玩的赌博游戏。由于某种未知的原因，当三个骰子显示一样的数字时，玩家就赢了，还会喊出"桑给"（Zanzi）这样的字眼。游戏为什么叫这个名字也不得而知。这里显示的游戏棋盘只使用两个骰子，游戏规则和《数字7的游戏》相同。

《公共汽车和白衣女士的游戏》

法国：发行人不详

Game of the Omnibus and White Ladies. France: publisher unknown

约 1830 年

《公共汽车和白人女士的游戏》是另一种游戏。从棋盘中心雕刻的美丽图案可以看出，这款游戏的主题是一家员工穿着时髦的公司。周围是两圈不同的马拉公共马车的图片，标着1—12的编号，也是放筹码的地方。玩家从一个袋子里抽出标着1—12号的木球，以确定中奖号码。游戏规则是这样说的："你会在这个游戏中发现自己的个性：好玩家从不沮丧。"尽管这个建议很中肯，但棋盘上还是画着一个用手捂着脸、表现得很害怕的玩家！这款游戏可以追溯到19世纪30年代，以《白衣女士》的名字命名，白衣女士是当时在巴黎兴起的一种公共交通线路。这张纸质棋盘特别精美，一个世纪后，著名奢侈品品牌爱马仕将其选作第一条围巾的样式——虽然现在配色发生了变化，但仍在继续生产。

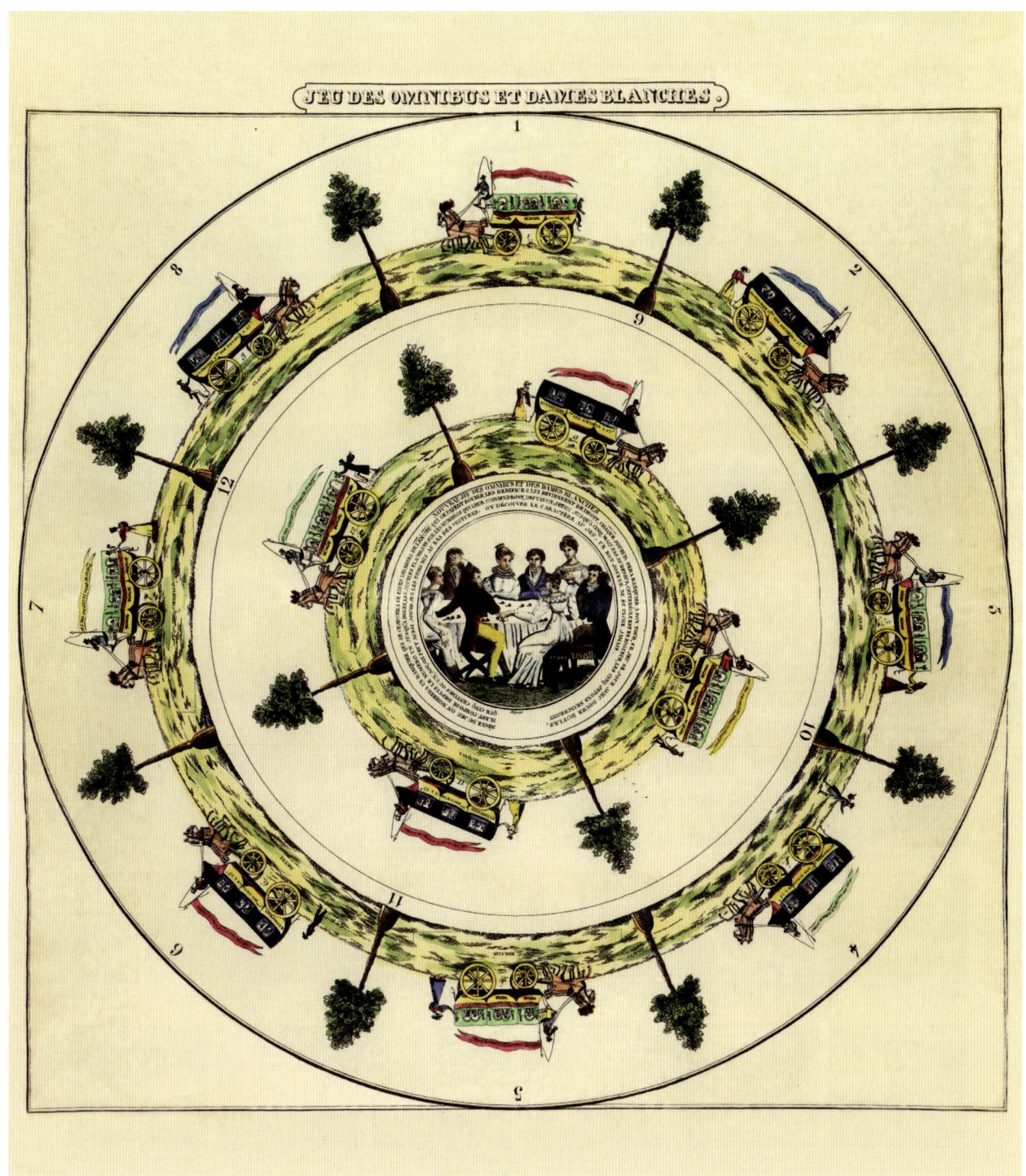

《新儿童彩票》

马德里:德斯帕舒

New Lottery for Children. Madrid: Despacho

约 1880 年

这款游戏是另一种博彩游戏,赢和输都取决于在袋子里抽到了什么牌。《新儿童彩票》是一张简单的纸质棋盘游戏,在马德里印刷,上面展示了能引起儿童共鸣的日常生活画面。这张棋盘共显示了 48 个场景,代表这些场景的牌都会被收纳到袋子中,每个玩家依次从中抽取一个。每个场景都具体说明了该从奖池中取走或放进多少筹码。例如,最后一行写着:"一报还一报",一个虐待马的男孩被马踢了 —— 支付 9 个筹码;"打架",街头用石头打架 —— 支付 9 个筹码;"获奖",一个勤奋的男孩在读书 —— 取走 12 个筹码;"惩罚",一个学生在老师的桌子前哭泣,戴着笨蛋戴的"驴耳朵"帽子 —— 支付 6 个筹码;"得病" —— 支付 14 个筹码;最后是"死亡" —— 失去一切。如果有玩家抽到第一个场景——聚宝盆的时候,这个玩家会拿走奖池中所有剩余的筹码,并且游戏到此结束。这张纸质棋盘对 19 世纪晚期的西班牙生活做出了深度的描述。

第三章
教育主题游戏
——为了乐趣而学习？

基于《赛鹅图》设计的教育游戏最早出现在17世纪的法国，在两百年后仍然很流行，而且玩起来很有趣。虽然19世纪的英语游戏的棋盘非常漂亮，但通常都有详细而冗长的游戏说明，让玩家觉得拖沓而枯燥。

1645年，制图者皮埃尔·杜瓦尔（Pierre Duval）设计了《世界游戏》（Jeu du monde），这也许是最早的教育类棋盘游戏。游戏的赛道由一系列世界各国的小地图组成。这个游戏显然是向《赛鹅图》致敬，因为它的赛道长度是63格，终点的胜利格象征法国。

用来教授历史的游戏也起源于17世纪中期的法国。历史事件按时间顺序沿螺旋赛道展开。这种严格的时间顺序并没有给游戏设计者带来太多的发挥空间，所以这些游戏有各种不同的赛道长度，与《赛鹅图》没有太多的关系。

教育游戏的发展在英国要晚得多。第一个流传下来的游戏是18世纪中期的一种地图游戏，它是根据贵族欧洲壮游（Grand Tour of Europe）的经历而设计的。许多富有的年轻英国人将在欧洲旅行作为自己的成年仪式。与法国的地理游戏不同，这类游戏的赛道是由地图表面的锯齿形数字点组成的。《欧洲之旅》由约翰·杰弗瑞斯设计，规则十分有趣。首都（"国王居住的地方"）所在格子就像《赛鹅图》中有鹅的格子一样，可以让玩家的点数加倍。然而，在19世纪出现的游戏中，人们已经基本忘记了它们与《赛鹅图》之间的联系。

乔治王朝时代是英国教育游戏的繁荣时期。哲学家约翰·洛克（1632—1704年）在《教育漫话》（*Concerning Education*，1693）中阐述了他对教育的看法。这是一本针对绅士之子的教育手册，洛克的部分理念是把玩耍当成教育过程的重要组成部分。他写道："他们要学的任何东西都不应该成为他们的负担。"由此发展出了通过玩耍来学习的理论，英语游戏制造商很快就满足了以工业革命时期日益富裕的中产阶级为代表的市场。然而，这些游戏的目的比较正统。这些游戏都附有小册子，里面详细描述了在地理游戏中出现过的地方或是历史游戏中涉及的事件。孩子们觉得这些长篇大论很无聊，而且孩子们通过掷骰子或者四方陀螺来玩游戏，到过的格子完全随机，因此这样的学习不可能是系统的。到了维多利亚时代，教育学家开始质疑通过游戏教学的有效性，游戏的主题开始反映出人们对休闲娱乐的追求，而不再将之视为严格的教育手段。法国也出现了这种情况。

在《赛鹅图》仍然很受欢迎的荷兰，早在18世纪就出现了以儿童教育为目的的游戏，尤其是"ABC游戏"。在19世纪，我们不仅能看到严肃的教学游戏，还能看到让孩子做有趣动作的迷人游戏，如本章所示的游戏讲述了著名的荷兰海军上将迈克尔·德吕特的故事。

总的来说，教育类游戏的设计师独具创意，让人印象深刻，他们经常将新想法巧妙地融入到老游戏的经典结构中。后来的彩色游戏之所以吸引人，在很大程度上要归功于印刷技术的发展，这些游戏往往既有趣又诙谐。

《法兰西王国的地理游戏》

巴黎：巴塞特

Geographical Game

of the Kingdom of France.

Paris: Basset

1816 年

这个游戏是杜瓦尔《世界游戏》的衍生版本。游戏赛道的螺旋轨迹是由法国各省的小地图组成的，它们取代了1789年法国大革命之前的那些旧省份。1795年，这个地图游戏的第一个版本《法兰西王国地理游戏》发行了。本书展示的是后来制作于1816年的版本，目的是承认波旁王朝的复辟。棋盘上画着一幅路易十八的画像，游戏的名字已经变成了《法兰西共和国的地理游戏》——在19世纪的法国，印刷游戏的生产者必须时刻警惕政权的变化。很明显这个游戏是从《赛鹅图》中衍生出来的：某些格子上标记了一个很小的鸢尾花纹章，这是法国皇室的徽章，表示点数翻一倍，就像在《赛鹅图》有鹅的格子一样。在最初的版本中，这些格子上标记的是一只小小的高卢公鸡，是革命的象征。有些游戏说明很有趣。在第77格，也就是加尔德省，玩家参观了尼姆斯市的罗马文物，但是在圆形剧场的废墟中绊倒，摔断了一条腿，不得不回到第1格：里尔的浴场。

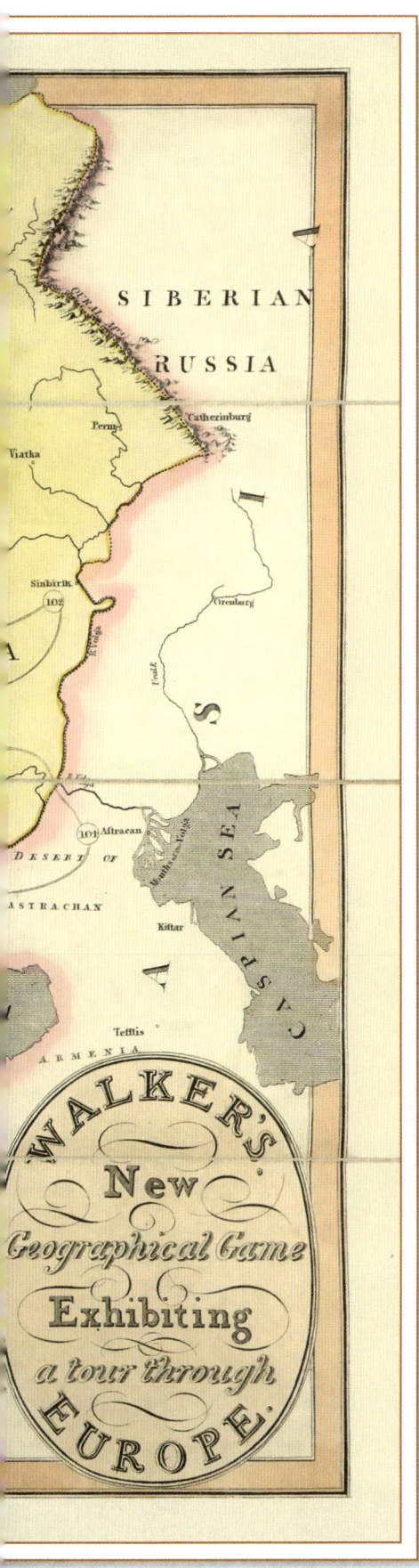

《沃克的新地理游戏：展示欧洲之旅》

伦敦：达顿

Walker's New Geographical Game exhibiting a Tour through Europe. London: Darton

1810 年

1810 年发行的《沃克的新地理游戏：展示欧洲之旅》是一款完全不同的游戏，它由约翰·杰弗瑞（John Jeffery）的《大世界之旅》（Game of the Grand Tour）衍生而来。游戏的赛道设计在一幅欧洲大地图之上，用数字图标表示沿途参观过的城镇和城市，随游戏出售的 34 页小册子中详细描述了每个城镇。有些地方有专门的说明，但大多数缺乏想象力，十分枯燥。"巴黎——在这里停留四轮来游览这座城市"。但是，设计师似乎在南特城之格（第 32 格）发出了更尖锐的指令，这一格几乎等同于死亡格——"1598 年，就是在这里发布了支持新教徒的著名法令。但不到一个世纪，它就被著名的路易十四废除了。玩家须回到第 1 格伦敦。"当然，乔治王朝时代的伦敦是新教的拥趸，但即便如此，"著名"一词还是带有尖锐的讽刺意味。这款游戏是由达顿公司发行的，我们将在下一章看到，达顿似乎乐意通过他们的游戏产品在年轻人中宣传自己的观点。

《关于法国君主制历史和时间的新游戏》

巴黎：巴塞特

New Historical and Chronological Game of the French Monarchy. Paris: Basset

1810 年

这是一个历史游戏，展示了从克洛维斯（第一个统一法兰克人的国王）以来的法国君主。这款游戏于 1814 年在巴黎发行，以庆祝路易十八凯旋进入巴黎。棋盘中央展示了庆祝的场景，胜利格里画着带有旗帜的热气球 —— 游戏的发行商总是喜欢展示当时的最新技术！63 个格子的设计明显来自于《赛鹅图》，确实有几个格子用皇家百合花标记来表示点数加倍。类似死亡格的是第 57 格（这并不常见），描绘了亨利三世在 1589 年被一个天主教狂热分子暗杀。第 31 格就像监狱格，展示了雨果·卡佩（约 939—996 年，自 987 年担任法兰克的国王）抓捕和监禁洛林公爵查尔斯的历史事件，查尔斯曾对继承权提出异议。这些与《赛鹅图》千丝万缕的联系有助于让人们记住这些历史事件，让玩家在面对新版游戏时也能很快熟悉这些信息。

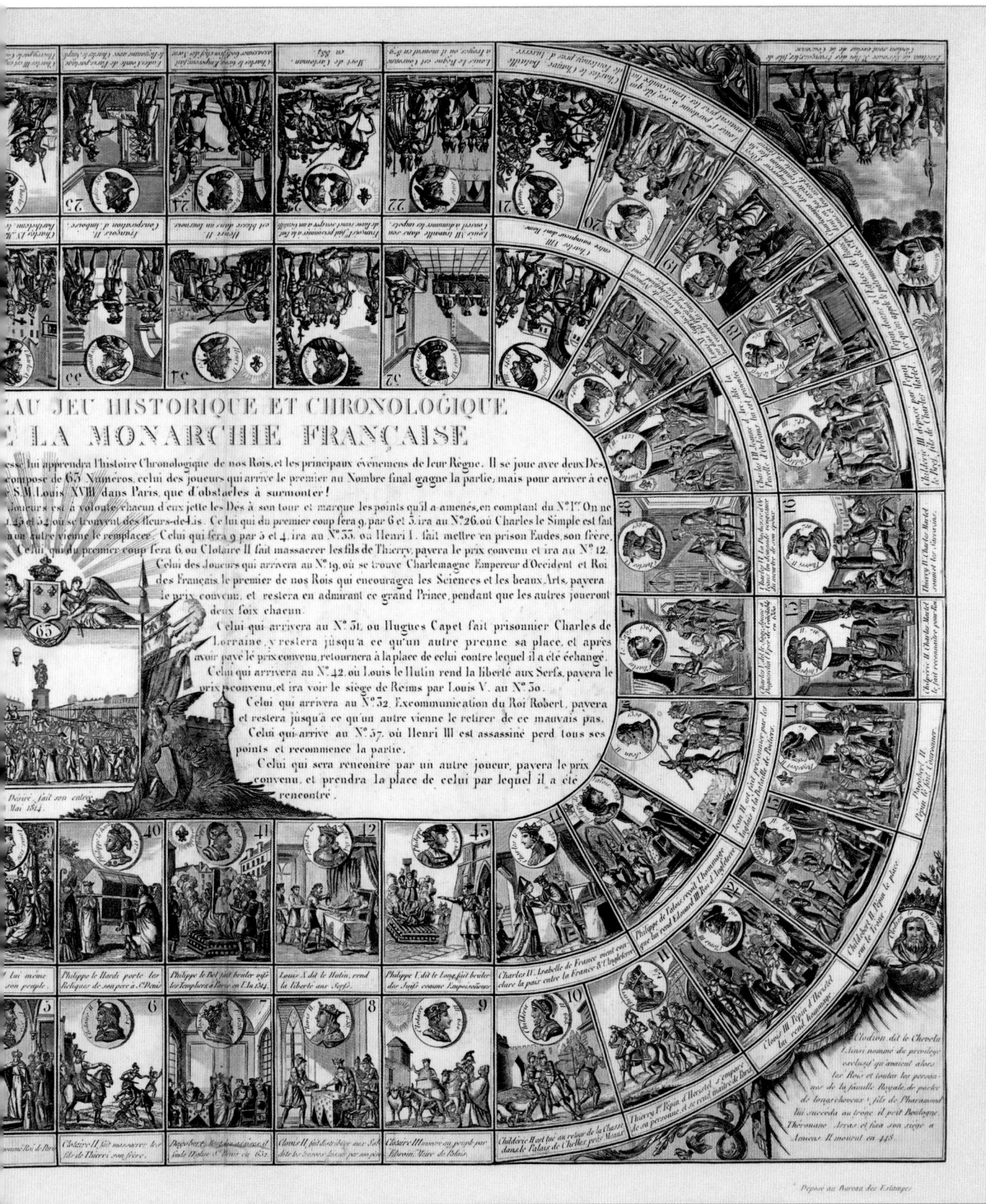

《历史娱乐游戏》

伦敦：帕斯莫尔

Historical Pastime, London: Passmore

1847 年

在 19 世纪的英国，教授历史的游戏也很流行。英国最早的这类游戏是《历史娱乐游戏》，于 1803 年由约翰·哈里斯和约翰·沃利斯在伦敦发行。它展示了从 1066 年的黑斯廷斯战役到该游戏发行年代之间的英国重大历史事件。中央格展示的是执政君主乔治三世的肖像。这款游戏随着君主的更迭而不断更新，因此这幅 1847 年发行的游戏中，中央格展示的是年轻的维多利亚女王，而前面的空格代表废除奴隶制。这张纸质棋盘的颜色是手工绘制的，四角装饰着战争场景，分别展示的是英军在西林阿帕塔姆（1799 年）、特拉法尔加（1805 年）、滑铁卢（1815 年）和纳瓦里诺（1827 年）取得的胜利，将英军的战斗力表现得淋漓尽致。某些特定的格子有特殊的说明，其中一些需要玩家回答问题，这种形式有助于达到游戏的教育目的。例如，第 28 格画的是 13 世纪的英国哲学家罗杰·培根（Roger Bacon），上面写着这样的说明："说出这位天才人物的某个发明，如果不能，则向奖池支付 1 英镑。"

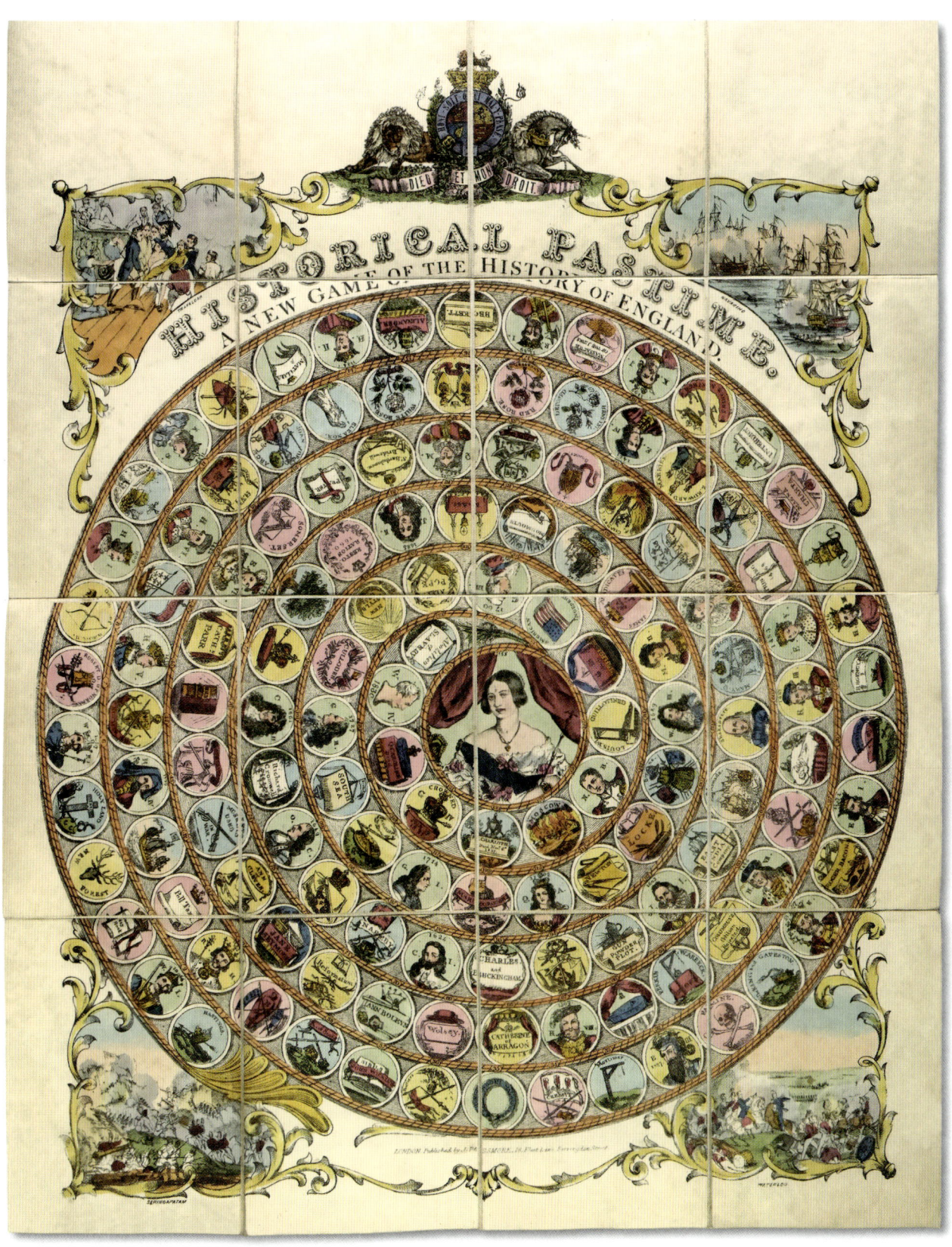

《滑铁卢战役历史游戏》

阿姆斯特丹：穆伦尼泽尔

Historic Game of Waterloo.
Amsterdam: Moolenijzer

1816/1817 年

1816/1817 年在阿姆斯特丹发行的历史游戏《滑铁卢战役历史游戏》也记录了滑铁卢战役。这是一款制作精良、外观漂亮的纸质棋盘，使用了一种名为凹版腐蚀制版法的复杂蚀刻技术，与当时流行的印刷方式相差甚远。纸质棋盘还附有一本小册子，其前言直接明了："《滑铁卢游戏》主要是为了取代《赛鹅图》，因为孩子从那个游戏中什么都学不到。同时也为了纪念荷兰青年自 1812 年以来的英勇行为。"位于中间的也是最后一个格子的图案展示的是奥伦奇王子与安娜·帕夫洛夫娜的订婚仪式。1816 年，两人在圣彼得堡结婚。

《德·勒伊特游戏》

阿姆斯特丹：威利格尔

De Ruyter Game. Amsterdam: Vlieger

约 1890 年

米歇尔·德·勒伊特（1607—1676）是历史上最优秀的海军上将之一，曾多次成功地对抗法国和英国，包括 1667 年曾大胆偷袭英国。他的成就集中展现在这个色彩艳丽的游戏中。棋盘共有 63 个格子，不过规则和《赛鹅图》没多少联系。游戏主要供孩子们娱乐。如果来到第 2 格，那么孩子们必须唱德·勒伊特尔之歌："他穿着蓝色格子衬衫／转动了大转盘。"第 3 格展示了他攀登教堂塔的壮举，孩子们走到这里的话就得站在椅子上模仿他的动作。如果来到第 17 格，就得模仿降落在雕像上的姿势，而且得保持两轮的时间。沿着船舷上的大炮排列的游戏格有特殊的规则。第 15 格展示了德·勒伊特把他的同伴们喝到桌子底下的场景，也许在今天看来是不合时宜的，但总的来说，这个游戏必须以一种有趣和吸引人的方式来让荷兰孩子们熟悉他们的海军传统。

63

《天文学的乐趣》

伦敦：沃利斯

The Pleasures of Astronomy.
London: Wallis

1804 年

在 19 世纪，科学教育并没有被忽视，不过与地理和历史相比，玩科学游戏的人要少得多。英国游戏《天文学的乐趣》设计精美，中心位置展示了位于伦敦格林威治的原始天文台，本初子午线就是在这里确定的。四周是托勒密、第谷·布拉赫、哥白尼和艾萨克·牛顿爵士的肖像。游戏"经过布莱克西斯的布莱恩夫人的修改和肯定"。她在伦敦经营一所学校，是女孩科学教育的先驱。随附的规则手册表明，她并没有放过那些愚蠢或漫不经心的人：

第 6 格：郡监狱——这里留给那些更关注台球运动，而不是行星运动的人。不管你怎么想，待在这儿，直到有人接替你的位置。

第 15 格：月球上的人类——这是一些无知之人的荒谬的想法：一个在月球上的人，只有一只狗和一堆木头，这个人在吃月亮的过程中导致月亮呈现出不同的形状。但是他们又说每个月，月亮都会长回来。回到第 13 格"月相"，读一读这一格的描述。

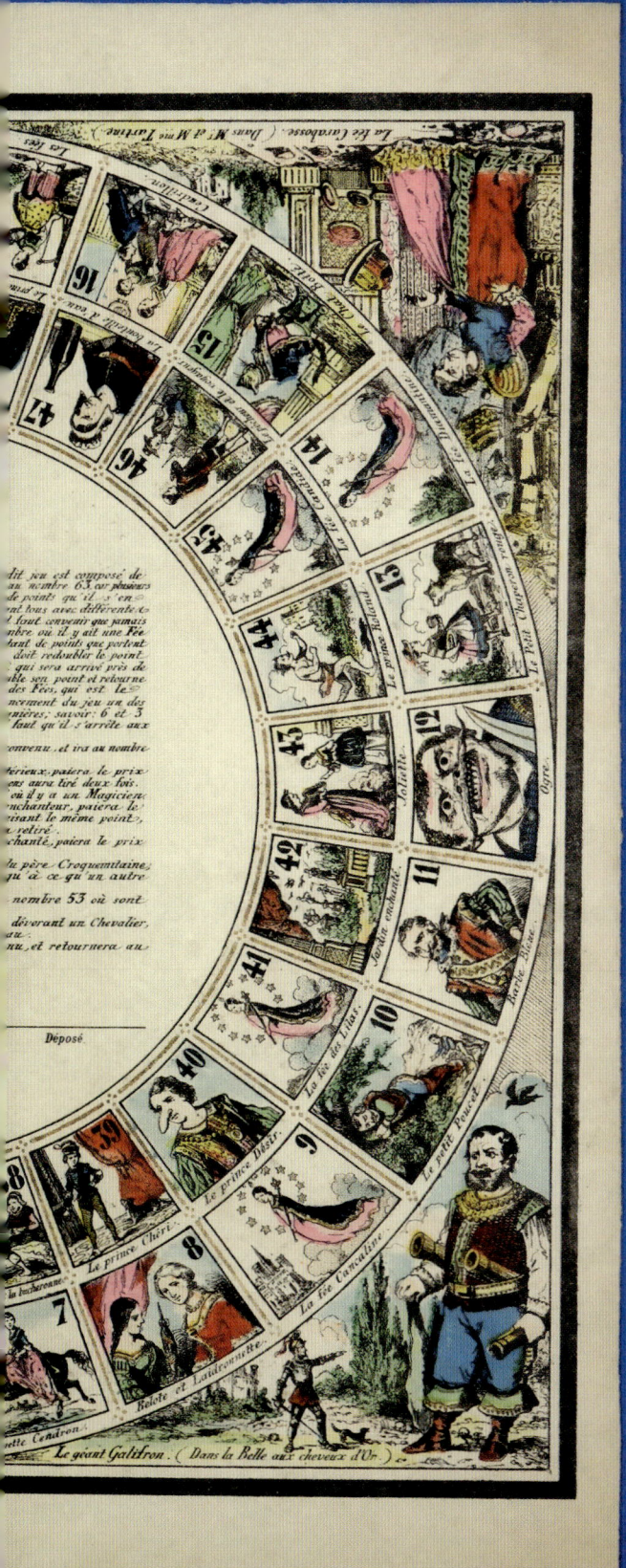

《童话的游戏》

梅茨：迪迪安

Game of Fairy Tales. Metz: Didion

19 世纪晚期

有些游戏的诞生也是为了迎合年轻的观众。比如，这款63格赛道的游戏里都是童话故事中的人物：蓝鸟、金发美女、白猫，等等。游戏仍旧是经典的双赛道制，仙子取代了第5格和第9格开始的那些原本是鹅的图案。危险格的说明颇具智慧。原来第6格经常是桥，但现在变成了食人魔，玩家必须去第12格被食人魔吃掉。第58格的死亡格描绘了一条龙正在吞食一个骑士，这意味着玩家必须重新开始。不过，第一次掷出9的话会有很与众不同的玩法：如果掷出6和3，玩家可以来到魔术师所在的第26格，如果掷出5和4，玩家将去往七联靴[1]第53格。这是一款制作成本较低的木版版画，是漏字板上色的方式，适合青少年低龄市场。

---

[1] 七联靴（Seven-League Boots），欧洲童话及民间传说中，穿上七联靴的人可以一口气跨出21英里（1英里等于1.6千米），一个联为3英里，故称作七联靴。这种魔法可能属于恶魔也可能是对英雄的奖励或回报。

《土豆的游戏》

德国：发行人不详

The Potatoes Game. Germany: publisher unknown

19 世纪末

  这个不起眼的游戏呈现了一个不同寻常的教育主题——种植土豆！这是一个简单的非彩色平版印刷游戏，标题和规则是法德双语的，表明产地是阿尔萨斯。规则同样也是最简单的，即往奖池中支付筹码或者取走筹码，沿着25个格子的短圆形赛道前进或后退。与图像相关的唯一指令是，在第19格，卸载货车需要很长时间，因此玩家必须等待另一玩家也走到这里，然后由这个人代替原玩家所在的位置，就像井或监狱格的规则中一样。书中详细描绘了种植、收获和食用土豆的各个步骤，对所用的设备做了指导性的描述，并明显地区分了男女的工作。赛道的中间，农民一家坐下来吃饭，并为有食物而感恩。这个游戏真实地反映了当时简单的乡村生活。

Das Kartoffel-Spiel.

Jeder Spieler setzt 12 Marken in die Kasse und nimmt irgend eine Sache zum Setzen. Nun wird gewürfelt. Wer zuerst nach N°3 kommt, setzt sein Zeichen auf N°1 und fängt das Spiel an. Wirft er N°4, so rückt er gleich weiter auf N°15. N°6 bezahlt 2 Marken. N°10 bekommt 5 Marken und rückt auf N°13. Wer 12 wirft, geht wieder auf N°7 zurück. N°18 bezahlt 4 Marken. Wer N°9 wirft, bekommt 6 Marken und geht weiter auf N°21. Wer nach N°19 kommt, hilft so lange den Wagen abladen bis ihn ein Anderer ablöst. In der Küche bleibt man so lange, bis man noch 3 Augen wirft, worauf man das Spiel gewonnen hat und Alles bekommt, was in der Kasse ist, und sich auf den für ihn bereit stehenden Stuhl setzt und ißt. Die Nummern 2.5.8. 11.14.17.20.23. zahlen alle 1 Marke Strafe. Wer über 25 wirft, geht wieder so weit zurück, als er Augen mehr hat.

Le jeu des pommes de terre.

Chaque joueur paye 12 marques dans la caisse et prend un objet quelconque pour marquer son numéro. Celui qui vient le premier sur N°3 met sa marque sur N°1 et commence le jeu. N°4 avance toute suite sur N°15. N°6 paye 2 mq. N°10 reçoit 5 mq. et avance sur N°13. N°12 recule sur N°7. N°18 paye 4 mq. N°9 reçoit 6 mq. et avance sur N°21. N°19 aide si l'on stemps décharger la voiture jusqu'à ce qu'autre joueurs s'y joigne et le remplace. Dans la cuisine on s'arrête jusqu'à ce qu'on fait 3 points, alors on a gagné le jeu et reçoit tout ce qu'il y a dans la caisse et s'assied sur la chaise préparée et mange. Les numéros 2.5.8.11.14.17.20.23. payent tous 1 mq. d'amende. Celui qui jette plus de 25 recule autant qu'il a fait trop de points.

N° 343

《世纪末游戏》

巴黎：苏馨

Game of the End of the Century.
Paris: Saussine

1899 年

　　《世纪末游戏》以图表的形式展示了那个富有创造力的世纪的成就，以此来为这一章和 19 世纪做总结，既美好又恰当。在第 1 格，摇篮里的婴儿象征着新世纪，而 18 世纪的象征符号则是婴儿旁边一位背着一袋子旧时代发明的老人。赛道的每一格都显示了一项发明或成就，并标明了相应的日期，第 52 格是一块墓碑，记录了 19 世纪的"死亡"以及需要一个新的开始。中间的胜利格让人感到愉快，象征着对新世纪的期待："乘坐一架奇妙的飞行器，从这里出发，5 分钟内从巴黎到马赛"。在巨大对手的映衬下，埃菲尔铁塔相形见绌，还有一座横跨了英吉利海峡的超长桥。赛道上的蓝色数字表示"鹅"的格子，点数加倍。白色的数字代表一系列要学习的内容，玩家每次只能走一步，直到玩家在"1889 年世界博览会"（第 38 格）重新加入游戏，来"运用他们所学的一切"。这些插画精确再现了当时的服装，在细节方面非常考究，只为正确呈现那个时代的"感觉"。

第四章
道德和宗教主题游戏
——学习如何守规矩！

在英国，青少年道德教育游戏种类繁多。即使是没有明显道德主题的游戏也可能被"道德绑架"。相比之下，法国则以宗教和精神为主题制作游戏。

虽然在18世纪的法国，教育游戏风头正盛，但这种游戏在英国直到18世纪末才开始流行。可以说，引发这一风潮的游戏本身就是一款舶来品——实际上，它是法国游戏《新人类生活游戏》(*New Game of Human Life*)的盗版。这款游戏具有独特的道德风格，影响力很大。在世纪之交之后的几十年里，所有主要的英国游戏制造商都加入了这一潮流，并推出了十几款用于"提升道德"的游戏，以及许多其他类型的印刷游戏。这些游戏价格昂贵，雕刻精美，手工上色——孩子们通常是被逼着参加的，他们围坐成一圈，每个人都用最细的画笔勾画，然后把纸质棋盘从一个人传给另一个人。

其中这样一款英国游戏的包装是一个红木盒子，里面装着四方陀螺和"小柱子"（这些小柱子是彩色的木头棋子，用来在棋盘上标注玩家的位置）。这样一款游戏的价格（约7先令）几乎抵上一个熟练工匠一周的工资。这些都属于高档游戏，销量很低。如今，它们是市场上最稀有的游戏之一。很多都是收藏家的追寻之物，其中一些仅存几个样本，即使是博物馆的藏品，也几乎没有包含游戏手册和其他道具的完整版本。

一些英国的游戏声称提供陀螺而不是骰子显得更有道德。举个例子，《新人类生活游戏》里的一个脚注提示："有必要通知买家，他们必须在陀螺上标记1、2、3、4、5、6的数字才能玩。而卖家就不需要再准备骰子盒了。玩的时候，每个玩家必须投掷两次，目的相同。但没为买家提供标数字的陀螺的更普通的原因，是为了避开在英国乔治亚时期对骰子征收的极高的税：双骰子的游戏将被征收20先令的税，是游戏价格的两倍还多。

道德游戏的一个共同特点是鼓励对穷人进行慈善捐赠和做好事，而且这些游戏针对的完全是富裕的上流社会的市场。人们认为，虽然当时捐赠的可能仅是很少的钱，但孩子需要从小就培养奉献的习惯。英国游戏，尤其是那些由贵格会家族的发行商所制作的游戏，其主题往往带有道德色彩，而这些主题似乎又很切合实际。因此，即使是鸟类的习性也可用来当做道德课程的素材，环顾伦敦的公共建筑，可以让人反思殖民制度和东印度公司的不良影响，以及金钱的真正价值。这些英国道德游戏中有一些是非常严肃的，就算是下雨哪儿也去不了的周末，也很难让人玩下去。另一些则是为了逗孩子们开心而设计的，虽然在游戏的过程中仍然会传达道德教育。

在以罗马天主教为主的法国，以提升精神文明为中心的游戏更受欢迎。其中一些直接用于指导孩子进入宗教基金会，而另一些则用于更一般的消费，如本书所展示的道德和教育游戏。他们经常详细地讨论各种类型的罪过，要求悔改并接纳特定的美德来抵消这些罪过。这些游戏中有很多包含宗教符号，比如在一个游戏（这里没有展示）中鹅的位置被十字架所取代，走到这里点数加倍。本章中的游戏将英国和法国对宗教的态度进行了鲜明的对比。

本章最后一个游戏是《威利步行去看祖母》。这里没有关于道德或精神上的深刻洞见，只有对他人的善行和善意。

《新人类生活游戏》

伦敦：纽伯里和沃利斯

The New Game of Human Life.
London: Newbery and Wallis

1790 年

《新人类生活游戏》是《赛鹅图》的升级版，赛道扩展到 84 格，代表人类的七个阶段，每个阶段 12 年。"年龄"格指的是第 12 格、第 24 格等，和有鹅的奖励格一样，走到这里点数加倍。它之所以自称是一种"道德"游戏是因为游戏中设置的各种危险格。例如，在第 30 格"浪子"必须支付 4 个筹码，然后回到第 6 格"粗心的男孩"。果不其然，图案中的浪子挥金如土，而粗心的男孩正在用纸牌搭房子——这是一种浪费精力的比喻。发行商是伊丽莎白·纽伯里和约翰·沃利斯。伊丽莎白是青少年读物的著名发行人，游戏左上角的"游戏的效用和道德倾向"可能正是她提出的。这款游戏是 15 年前克雷皮在巴黎发布的一款游戏的翻版，但在英国市场已经有所改变。获胜者用艾萨克·牛顿爵士来代表，而不是法国版中更具争议的伏尔泰。第 57 格中出现了一幅摄政王子乔治的漫画，画中乔治野心勃勃，探险家库克船长则在第 47 格中以地理学家身份展示他的地球仪。

《天鹅的高贵游戏》

伦敦：达顿

The Noble Game of the Swan.
London: Darton

1821 年

下一个例子是达顿出品、手工上色的精美雕刻游戏——《天鹅的高贵游戏》。这款游戏不限年龄和人数，趣味盎然。但这款游戏中出现的一些元素却有点奇怪。赛道以拱顶石、驿马、博物馆、商人、羊毛布料、骑手和修道院开始——这些元素之间没有明显的联系。游戏附带的小册子对每个对象进行了描述，它们通常带有爱国主义的性质，例如第 5 格："羊毛是我们与其他国家贸易的主要商品，而英国的羊毛布料没有竞争对手。"第 15 格"懒汉"带有道德教育的成分："这个人就连名字都让人看不起，对他还能有什么好话可说呢？"但也许最清楚不过的道德教训是，这本小册子还告诫人们不要在陀螺或筹码上动手脚！

《水果篮新颖优雅的游戏》

伦敦：达顿

The Novel and Elegant Game of the Basket of Fruit.

London: Darton

1845 年

达顿公司的《水果篮》虽然在设计上非常漂亮，但主题比较混乱。赛道里的场景有：1. 监狱；2. 陪审团；3. 家访贫困人口；4. 皇家学院的学生；5. 皇家艺术学院展览；6. 医院；7. 救济院；8. 化学课；9. 一个穿蓝色外套的男孩；10. 国立学校；11. 坚振礼[1]；12. 集市；13. 格林威治养老院的老人（Greenwich Pensioners）；14. 女性慈善协会；15. 盲人学校；16. 切尔西养老院的老人（Chelsea Pensioners）；17. 结婚；18. 大地丰收；19.《圣经》学会；20. 激励牛津和剑桥的学生奋斗、求知和热爱艺术。

达顿公司的员工是贵格会信徒，小册子中对不同场景的描述表达了他们的信仰和哲学。例如，描写女性慈善协会的图案表明这些贵格教徒对女性抛头露面很是厌恶："……我们不禁会想，如果这些太太能参与到谈话中为社会谋求福利的话，会比拿着彩旗在街上游行体面多了。"这可不是什么好玩的游戏！

---

[1] 坚振礼，天主教和东正教的一种"圣事"。

《优雅的天鹅》

伦敦：哈里斯

The Swan of Elegance. London: Harris

1814 年

  与之前的达顿游戏相比，约翰·哈里斯所发行的《优雅的天鹅》更加有趣。一只漂亮的天鹅身上系着一条深红色的丝带，上面画着表现良好或表现不好的孩子。小册子上对每一个场景都配了说教的诗句。第 23 格展示了"贪吃的海伦"——"海伦吃百果馅饼差点噎着了 / 真可惜，她竟然这么贪吃；/ 她必须回去向查尔斯学习学习 / 然后在银行放 3 个筹码。之所以学习查尔斯是因为我们可以在第 9 格看到"节俭的查尔斯"中虽然有一个很大的冰蛋糕，但却只切了薄薄的一片。第 10 格显示的是"造假的哈里奥特"，她打破了一个盘子，但却想把责任怪到猫的身上。这种企图撒谎的把戏对她没有任何好处：她不得不向银行支付 4 个筹码，还要停玩三轮。

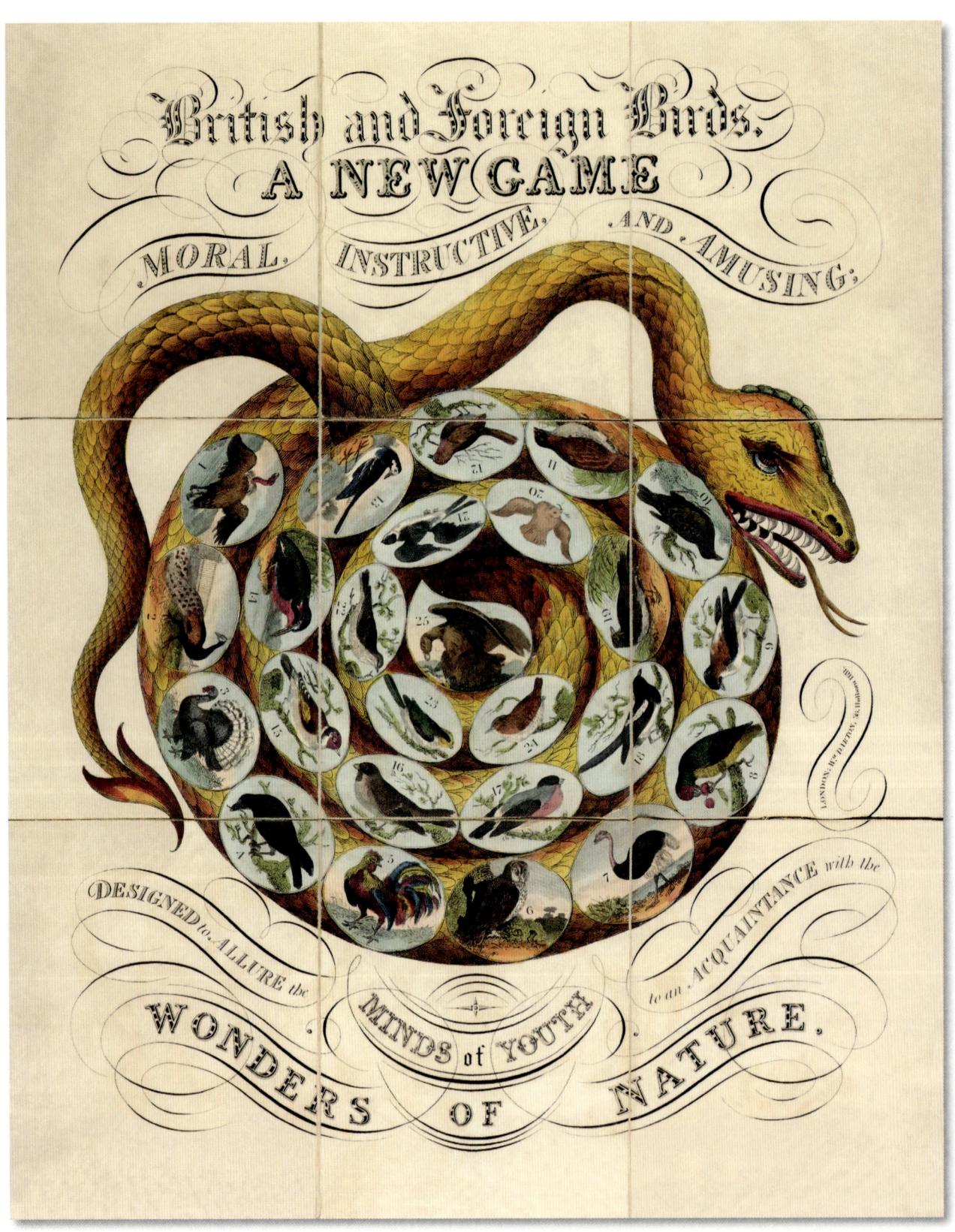

《英国和外国鸟类》

伦敦：达顿

British and Foreign Birds, London: Darton

1820 年

"这是一款全新的游戏，寓意深远，趣味盎然，旨在吸引年轻人去领略大自然的美妙。"达顿游戏公司生产的《英国和外国鸟类》的副标题这样写道。木制雕刻的赛道由 25 个格子组成，每个格子都画了一只鸟。这些格子由一条蛇的身体连接起来，这条蛇有分叉的尾巴、分叉的舌头和一组令人恐惧的弯曲的牙齿，让人印象十分深刻。这种可怕的装饰对"年轻人的思想"有什么影响我们不得而知，这与游戏本身无关。游戏规则手册为每只小鸟单独写了一页的说明，供玩家参考，所以游戏的节奏一定很慢。一些格子给出的指示反映了鸟的性格，也指出道德上的训诫。例如，第 2 格："孔雀"这一格要求玩家停玩一轮，好欣赏孔雀美丽的羽毛，这种设计讽刺的是人的虚荣心。第 7 格是"鸵鸟"，由于玩家追不上鸵鸟，所以需要再投掷一次。第 8 格是"鹦鹉"，要求玩家必须退回去三轮，因为他总是在空谈。胜利格"雄鹰"的图案让胜利显得更有尊严，因为这是一种"庄严而高贵的鸟"。

《一群待在家里的旅行者对伦敦的调查》

伦敦:达顿

A Survey of London by a Party of Tarry-at-Home Travelers, London: Darton

1820 年

一个关于伦敦公共建筑的游戏怎么可能被用来传递道德价值观呢?达顿公司却可以办到,例如他们的《一群待在家里的旅行者对伦敦的调查》。达顿的贵格会价值观在小册子中得到了充分体现,小册子对 17 座建筑进行了长篇的描述。参观铸币厂(第 12 格)会得到这样的评价:"看到这样的财富,你可能会感到惊叹;但我们应该记住,富人也有他的忧虑,"接着又"劝告我的年轻朋友们",他们的新年先令(通常是给富裕家庭孩子的礼物)价值 12 便士,应该用这些先令为 12 个贫困和饥饿的人提供"一顿便饭"。但是道德性最强的一个要属第 7 格 —— 东印度公司的博物馆,这里展示了许多抢来的物品:"我们本应该放过东方成千上万的当地居民,他们因我们邪恶的野心,以及侵占他们财产和土地的行为而遭受苦难。"这种坦率的反殖民态度在乔治时期的伦敦十分罕见。

《道德和教育》

南希：查维利

Moral and Instructive Game. Nancy: Jarville

约 1890 年

这个名为《道德和教育》的法国游戏实际上是一款宗教游戏。它的历史可以追溯到1860年左右，不过这里展示的例子是在19世纪末重新印刷的。63个格子的赛道在"天堂"这一格达到高潮，中间是上帝，两侧是圣母玛利亚和耶稣。危险格对应各种原罪。第一宗罪让玩家要么向奖池中支付筹码，要么回到与罪恶相对的美德所在的格子——这是《赛鹅图》类型的游戏中比较少见的允许做出选择的例子。如果走到显示美德的格子，就像有鹅的奖励格一样点数加倍。其他的罪行都是在《赛鹅图》游戏中常见的惩罚。和其他游戏一样，死亡格的处理方式也很有趣。如"骄傲"（在第58格上摔了一跤）通常的惩罚是"重新开始"。奇怪的是，游戏的设计者忘记了为第44格"嫉妒"之罪制定惩罚的规则，这一格生动地刻画了一个人用棍子野蛮地殴打另一个人。除此之外，设计师选择用乡村贸易和职业的图案填充非活跃格，与其他体现比较强烈的道德教育意义的格子形成了对比。

《威利步行去看祖母》

伦敦：迈尔斯

Willy's Walk to see Grandmamma.

London: Myers

1869 年

    《威利步行去看祖母》是孩子们玩的一种轻松愉快的游戏。它有 79 个格子的赛道，中央是祖母家。这款游戏的历史可以追溯到 1869 年，也就是达顿公司的严肃而"精益求精"的游戏出现半个世纪之后。游戏中那些旅途的意外并不具有威胁性，道德教训是含蓄的而不是明确的。有些危险格类似于《赛鹅图》。在第 20 格，威利摔倒了，必须等待别人来接替他，或者停玩两轮。其他格子则真实地反映了一个小男孩如何在旅途中浪费了许多时间——买苹果、采采花、因为忘记带包裹而必须折返回去、玩弹珠游戏，等等。另一方面，搭上面包师的车或搭上公共汽车，能让他走得更快。有趣的是，每次威利做好事的时候，比如给一个穷孩子一个苹果或说服一些男孩不要去逗狗，他都不得不停玩一轮或者两轮。但是在更早一些的游戏中，会对玩家的良好表现给予道德上的肯定。

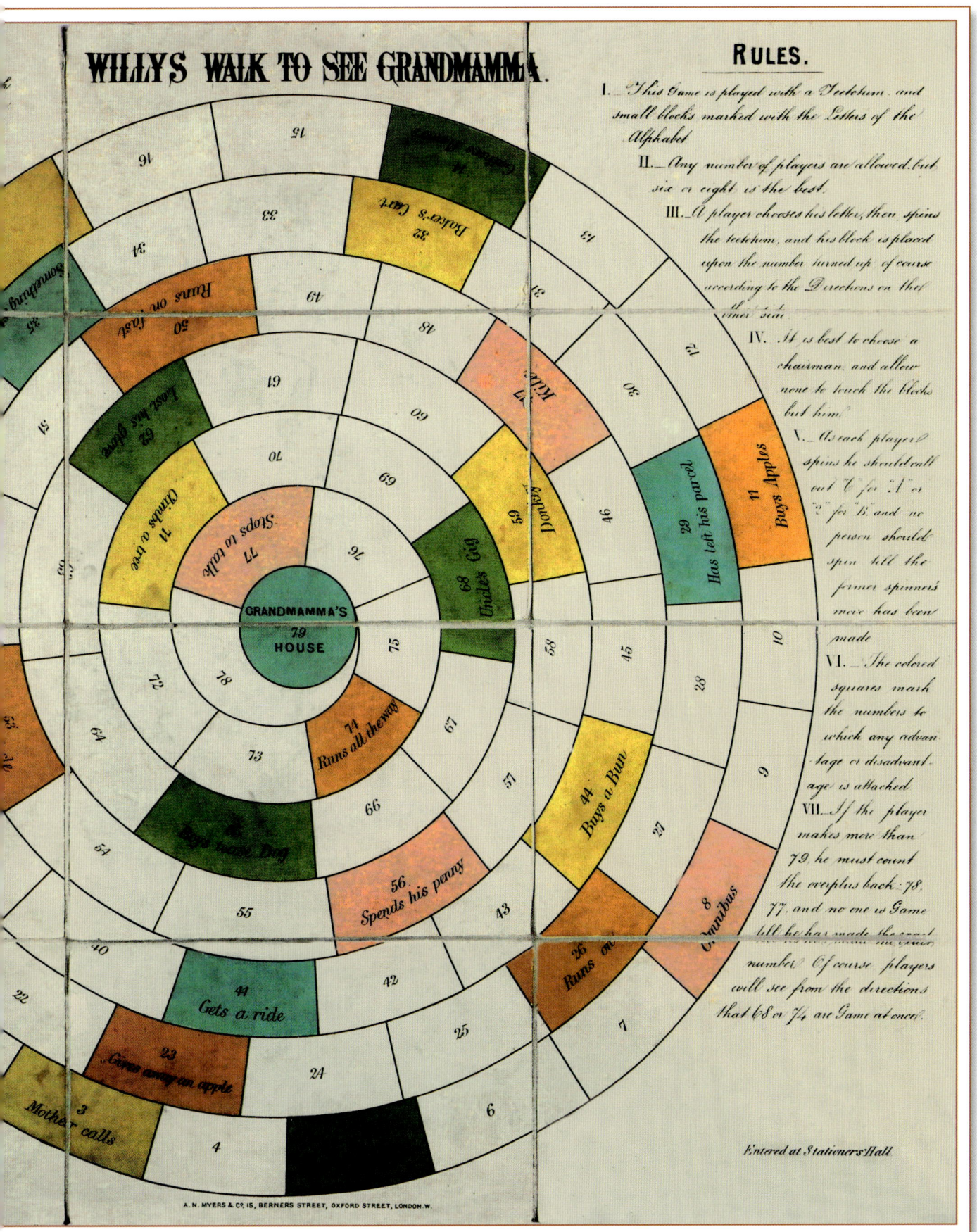

第五章
旅行主题游戏
——我们去哪里？

旅行游戏在德国特别受欢迎，最初的交通工具是驿站马车，但在 20 世纪后期变成了火车和轮船。18 世纪的英国游戏是根据欧洲壮游时期的地图发展而来的，在 19 世纪发展成了环游世界的航行。

《赛鹅图》可以被看作是人生旅程的象征，这一章中的旅程虽然是在想象中进行的，但却与从一个地方到另一个地方的旅行有关。最早的例子是起源于 18 世纪后期德国的《邮政和旅程游戏》（*Post and Journey Game*）。在这些游戏中，马车的旅程结束于棋盘中心所描绘的城市，中途要克服在那个艰难的旅行时代所面临的诸多危险。这些游戏有自己的规则，而不是直接改编自《赛鹅图》，不过在许多方面是相似的，既有让旅行者向前移动的奖励的格子，也有阻碍前进的各种危险格。这些规则往往写得很巧妙，尽可能地反映出现实生活中的延误和挫折。而且，就像《赛鹅图》一样，它们都是利用骰子而开展的游戏，走棋的时候没有其他的选择。

19 世纪，人们非常迷恋不断发展的交通工具，由此产生了一些专门描述新交通工具的游戏，如蒸汽轮渡或火车。这些游戏通常都十分具体，记录从一个地方到另一个地方的旅程，目的是取悦当地的观众。其中一些游戏在规则上有所创新，旨在让人们了解乘坐新型交通工具而外出旅行的体验。其他的侧重技术方面，例如展示铁路上不同种类的车辆，或展示路侧设备、车站和其他铁路建筑物。这类游戏对历史学家来说十分有用，因为游戏中对这些元素有深入的刻画。

还有另一种类型的旅行游戏，例如那些以旅游目的地为主题的游戏。这些地方可以是城市的某个公共建筑，或者是长途旅行中的重要站点。它们是第三章中讨论的地理游戏的升级版，其典型的一类主题是环游世界。这类游戏可以追溯到19世纪初，但1873年儒勒·凡尔纳的小说《八十天环游地球》的问世大大刺激了这一趋势的发展。市面上不仅出现了斐利亚·福克[1]这种虚构的旅程，也出现了代表真实环游世界的旅程，渐渐地旅游公司也兴起了，以满足这种日益兴盛的旅游热情。但是人们并没有忘记完全想象出来的旅行——为什么不通过棋盘游戏去其他星球呢？

本章介绍的旅程游戏包含了各种制作工艺。《欧洲旅行家》游戏采用雕刻了精美细节的铜板印刷，是上个世纪为贵族子弟提供游戏的巴黎印刷厂的代表产品。而荷兰的轮船游戏用的却是印在薄纸上的廉价木板印刷。这两种产品都是在19世纪早期生产的，但它们针对的是完全不同的市场。约在19世纪中叶，平版印刷术（用油墨在扁平的石头上印刷）开始取代雕版印刷术。从《东方》这款游戏中，我们可以看出这种工业技术与细致的手工色彩结合在一起时，可以产生多么卓越的效果。当然，造价也是高昂的。19世纪末，彩色石印术使人们能制造出像《八十天环游地球》那样华丽的纸质棋盘和像意大利的《环游世界》那样便宜的纸质棋盘。

---

[1] 斐利亚·福克，小说《八十天环游地球》的主人公。

《新终点和旅程游戏》

纽伦堡：坎普

New Post and Journey Game. Nuremberg: Campe

约 1820 年

  我们从一款发行于 1820 年的《新终点和旅程游戏》开始介绍。这款游戏诞生于德国的纽伦堡，这个城市后来在为世界市场生产玩具和游戏方面具有很重要的地位。第 1 格展示了驿站马车出发前往中心目的地——河边被城墙包围的城市，这很可能代表的是佩格尼茨河上的纽伦堡。与《赛鹅图》游戏不同的是，游戏中没有加倍的格子，而是将旅程分成不同的阶段，每 10 个格子就有一个车站：如果玩家来到车站，就可以直接进入下一个车站。游戏中也有类似《赛鹅图》中死亡格的格子：在第 37 格，教练遇到意外，玩家必须重新开始。第 53 格玩家会遇到一场非比寻常的水灾，是一种障碍格。如果玩家没有先在第 51 格搭乘"船"就来到这里，那么将会输掉游戏。如果玩家掷出的点数会走到 53 格之外，则只能往回走，而且必须先访问有船的格子才能继续前进。对《赛鹅图》的巧妙改编为假定的旅程增加了一丝真实性。

《铁路和轮船游戏》

斯图加特：霍夫曼

Railway and Steamship Game.
Stuttgart: Hoffmann

约 1850 年

《铁路和轮船游戏》是一个19世纪中期更新的邮递和旅行主题游戏。赛道呈长方形，共85个格子，每个格子都写有规则，目标是快乐地到达火车站。但是旅程的起点并不是机械化的，交通工具也很像早期的游戏。现代读者主要对日常生活中的小插图感兴趣——例如，第17格展示了如何在石板上记录旅馆的账目；第27格展示了旅行者在高速公路遭遇抢劫的不幸事件，他必须支付6个筹码，而且必须返回前面的城镇。第46格，旅行者错过了火车，但在下一个格子赶上了火车。在第54格时，旅行者发现自己的靴子上有一个洞，他必须把它修补好。但是在第58格，旅行者到达一个港口，而在下一个格子，他穿过一个危险的跳板登上了蒸汽渡船。第61格的客舱情况并不乐观，一些乘客似乎晕船，但最终所有人都安全抵达了。到第64格时，旅行者自己也病了，必须吃点恢复体力的药。在第68格，他换乘到后车厢，经过边境海关的一些麻烦，到达了目的地。这款游戏讲述了一个简单的旅行冒险故事。

《蒸汽船游戏》

阿纳姆：德容

Steamboat Game. Arnhem: De Jong

约 1835 年

　　《蒸汽船游戏》是用两个骰子进行的游戏，它的主题是在阿姆斯特丹和扎丹姆之间穿梭的蒸汽轮渡，就在河的对岸。如今，这段旅程坐火车只要 5 分钟。这艘船名为梅屈里厄斯，建造于 1824 年，1826 年开始在阿姆斯特丹—扎丹姆航线上航行。这款游戏可能出现于 10 年后。这条不规则的 60 格赛道的终点是沙皇彼得胡伊斯耶宫（Czaar Peterhuisje），它是彼得大帝当时在扎丹姆（Zaandam）的宅邸。头等舱、二等舱和三等舱分别在第 7 格、第 9 格和第 11 格，其舱内设施形成了对比。一个单独的规则表给出了这些格子的关税分别为 5、3 和 2 美分。一根新烟、一杯杰尼弗（荷兰杜松子酒品牌）和一杯咖啡的价格都已经定好。在路上，玩家可能要在威廉斯路易斯水闸（连接北荷兰运河的威廉一世水闸）付钱。如果玩家来到扎丹姆，就出局了。再往前走，玩家可能需要一辆马车和一个搬运工带他和他的行李往前走，如果玩家待在旅馆里，就需要付更多的钱。虽然这个木刻版画价格低廉，但它的吸引力就在于直接简单。

HET STOOMBOOTS SPEL

Te Arnhem, bij P. A. DE JONG.

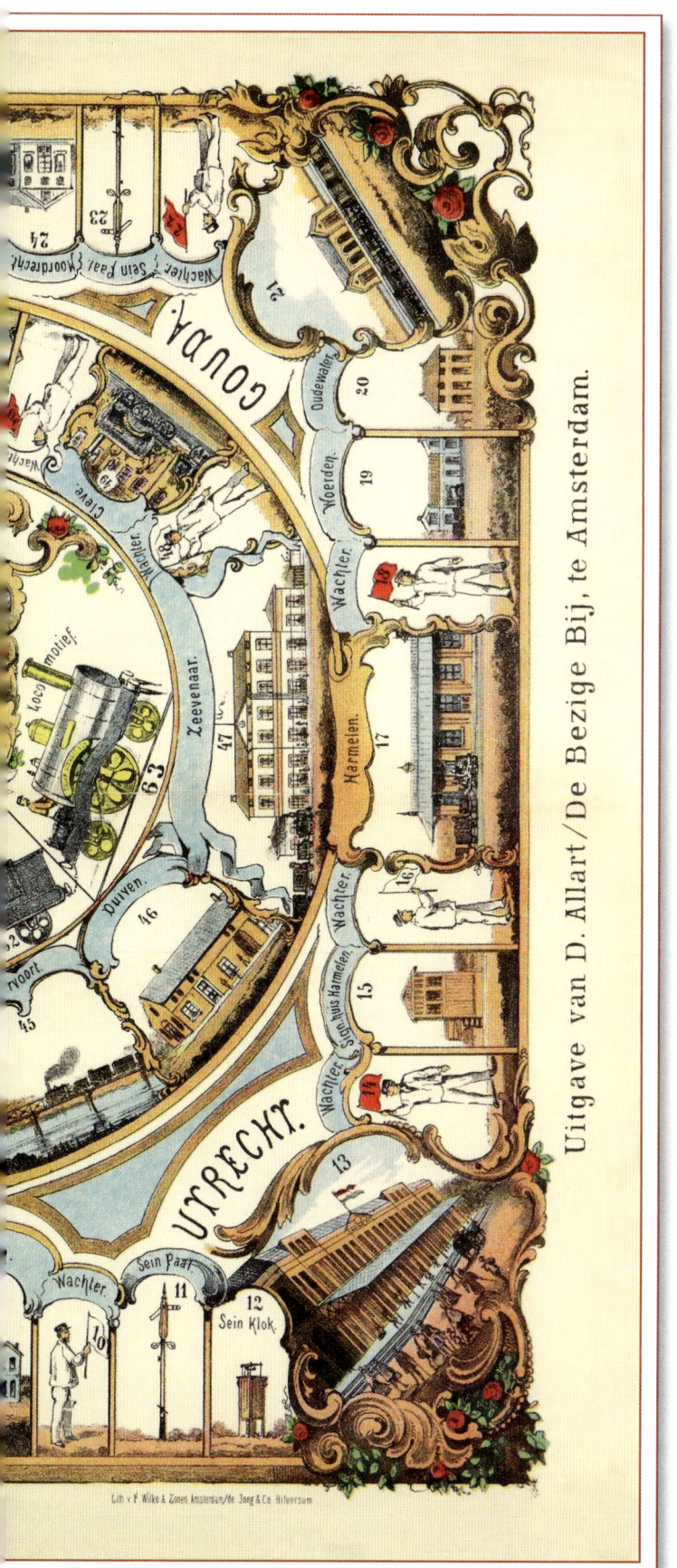

《莱茵河铁路游戏》

阿姆斯特丹：阿拉尔

Rhine Railway Game. Amsterdam: Allart

约 1870 年

《莱茵河铁路游戏》也是基于真实的交通系统而设计，宣传的是莱茵河畔兰德斯普尔维格－马特沙皮耶公司。该公司修建了一条从阿姆斯特丹到乌得勒支的铁路线，1843 年开通，然后到阿纳姆，最后在 1856 年通到德国。游戏发行于 1874 年，其赛道也是 63 格，与《赛鹅图》相同，但具体规则不同。赛道后半部分对火车的描绘非常引人注目，先是售票员车厢，接着是邮政车厢，然后是火车头和后勤车厢，接着是一、二、三等车厢，最后是货物车厢、牲口车厢和开放车厢。沿途对许多车站的描写很有趣，而且确实形成了有用的历史记录。这款游戏的制作运用了彩色平版印刷技术，与手工着色相比，用相对较低的成本便实现了其明亮、迷人的色彩。

《欧洲旅行者游戏》

巴黎：巴塞特

Game of the Traveler in Europe.
Paris: Basset

1830 年

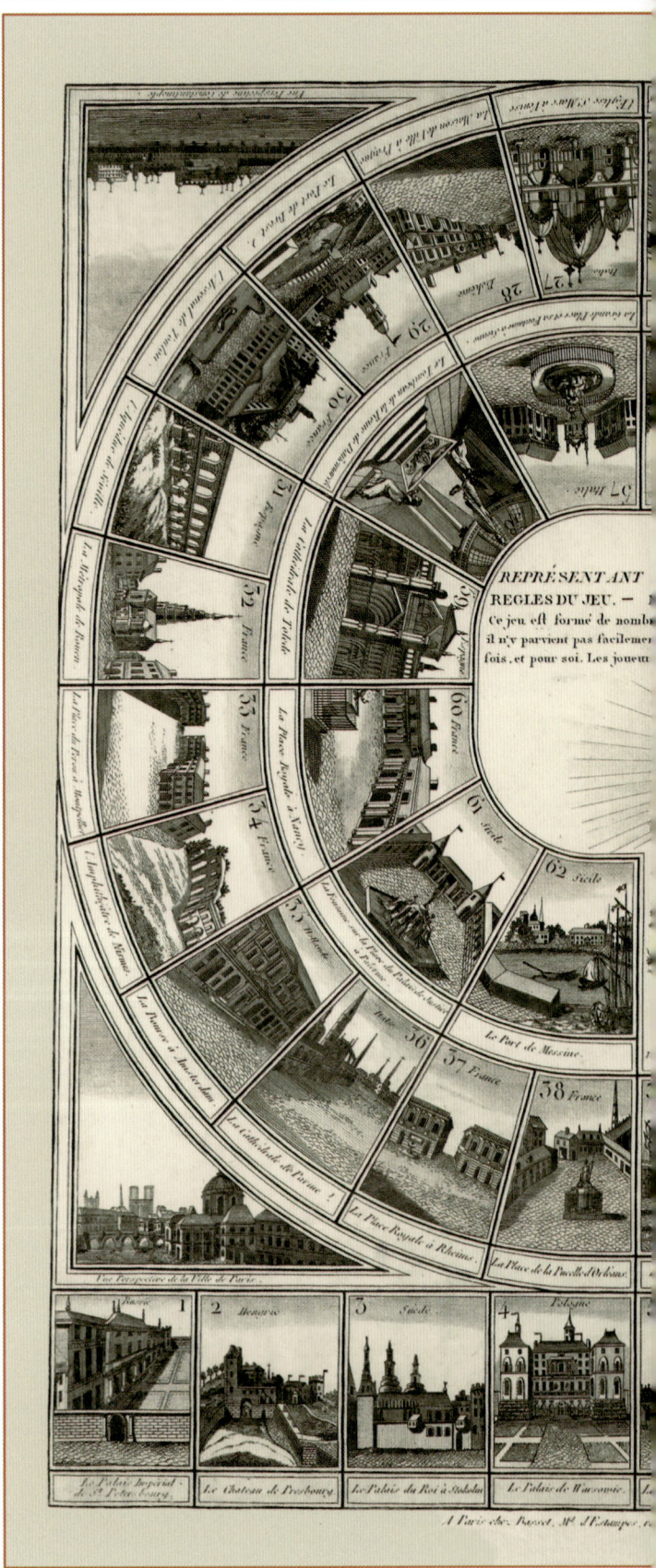

《欧洲旅行者游戏》中的名胜古迹是欧洲的各大著名景点。这是一款 63 格的游戏，与《赛鹅图》游戏极为相似。沿着赛道的格子充满了欧洲主要建筑的精细细节。有鹅的奖励格点数加倍，上面画着大教堂和其他重要的教堂。第 6 格桥上的格子展示了伦敦著名的威斯敏斯特大桥。其他典型的危险格得到了适当的处理。因此，死亡格展示了丹麦女王的坟墓，而陷阱格展示了西班牙塞维利亚的渡槽[1]，监狱格展示了著名的沃邦防御工事[2]。游戏的原版是在拿破仑一世的帝国时代发行的。当拿破仑退位、波旁王朝复辟时，政治正确要求将游戏中的"帝王"改为"皇家"。不过，他们只是修改了原有的印版，而不是花钱去雕刻一个新的印版。仔细检查文本就会发现这方面存在的漏洞。

---

1 渡槽，指输送渠道水流跨越河渠、溪谷、洼地和道路的架空水槽。
2 沃邦防御工事，指路易十四时期的军事工程师塞巴斯蒂安·勒普雷斯特雷·沃邦的设计代表作，包括 13 个防御建筑及设施群落。

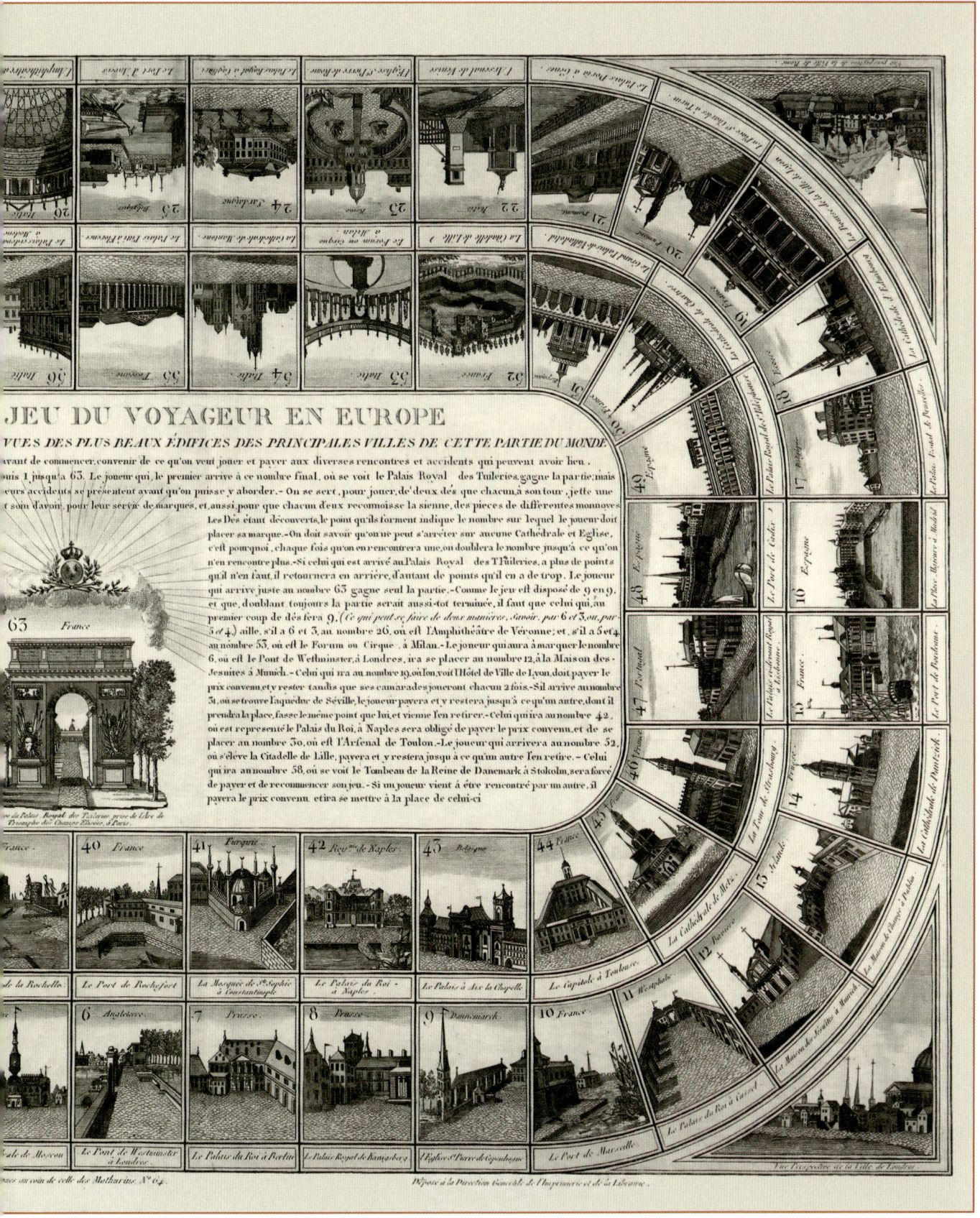

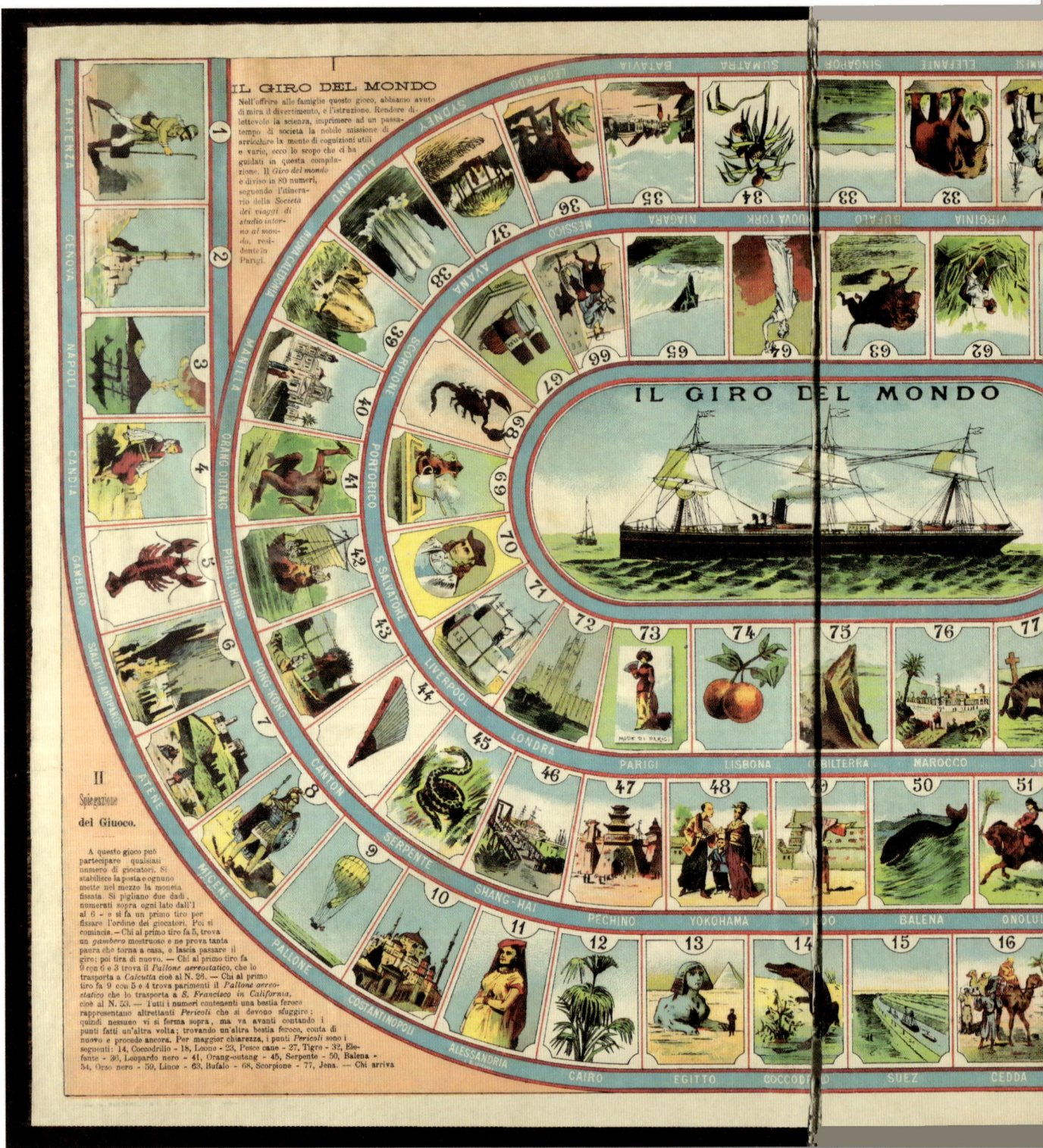

《环球之旅》

米兰：贝塔雷利

Tour of the World. Milan: Bertarelli

约 1890 年

贝塔雷利的《环球之旅》有 80 个格子，显然是受到了凡尔纳小说的启发。然而，相比之下，这款游戏代表的是一次真实的旅行，而不是想象中的旅行。游戏页面左上角的文字解释说明，这款游戏根据世界游学协会（Society for Study Tours around The World，SVEAM）建议的旅行路线设计而成。世界游学协会是一家总部位于巴黎的旅行社，成立于 1878 年。原来有鹅的奖励格如今全是危险的动物，与通常的加倍投掷规则相似，旅行者必须立刻"逃离"此格（因此可多投掷一次）。更贴近实际情况的是，苏伊士运河（第 15 格）将旅客直接送往亚丁。这款游戏与儒勒·凡尔纳的游戏有共同之处，但如果玩家到了第 56 格，会被不幸吃掉，游戏就此终止。

《远日点》

伦敦：埃尔斯

Aphelion. London: Ayres

约 1890 年

　　《远日点》是只用一个骰子进行的游戏，描绘的是一场从星星到太阳的完全基于想象的航行。共 50 个格子的赛道占据了四个同心圆，最外层包含恒星，中间两层包含黄道带上的各个星座，最内层包含行星。一个奇怪的现象是（根据规则页）："为了使游戏更有趣，地球和月亮被放置在黄道圈里。"宣传单上还称，这款游戏"将在人们的记忆中刻下一个关于太阳系和行星系统的永恒的概念"——有人希望这款游戏所呈现的这种奇怪的天文学概念会很快消失！由于要求颇高，游戏玩起来相当乏味，（基本上）只有一系列简单的规则，让玩家往奖池里付筹码或者取筹码。然而，如果一位女士降落在第 24 格（"处女座"），她将从在场的每位男士那里得到 1 个筹码，并从奖池中得到 5 个筹码。

第六章
战争、围城和决斗主题游戏
——想象力的较量

本章介绍与陆军或海军相关的游戏，也有技巧类的游戏，例如城堡围困游戏。在精美的德国游戏《骑士》中，玩家必须克服许多童话里常见的困难，才有资格参加最后的决斗。

以战争艺术为主题的教育游戏最初是在17世纪末的法国发展起来的，当时这个主题是每个贵族后裔的男孩都需要学习的部分课程。防御工事的艺术在当时很重要，法国孩子根据著名的法国工程师沃班侯爵（1633—1707）制定的原则，学习城堡的设计。同样也有以海军为特色的游戏，孩子们在玩游戏的时候不仅能了解到海上的危险，还能学到描述战船的有用词汇。这些木制帆船游戏很受欢迎，一直延续到19世纪（见《帝国海军新游戏》）。这款法国原版游戏甚至曾被他国盗版，例如1797年出现的英文版《不列颠堡垒》便是一例。后者完全是仿制，但进行了全新的绘画设计，以适应英国市场。棋盘中心的"海战"场景显示："1797年10月11日，海军上将邓肯光荣战胜荷兰舰队。"

到19世纪末，陆战已经变得比城堡防御时代更加技术化，与早期的游戏已没有什么关联。市场上出现的新游戏，虽然通常仍然遵循简单的《赛鹅图》布局，但其主题发生了变化。的确，有些游戏对军事历史学家来说很有价值，因为它们对当时士兵的细节进行了详细描述，还加入了一些创新，比如用自行车来运送物品。

无论是哪个国家的游戏，民族自豪感在比赛中表现得最为明显。其主题可能是来源国的光荣军事史，也可能仅仅是表达对当时的军队的自豪感。有几款游戏的主题是一个年轻的新兵通过军衔晋升为上将或元帅的过程。但这种成功晋升的概率并不高，而且玩家在玩这些游戏时很容易将之遗忘。游戏也会提到战争危险的一面，但危险格并不多。这些游戏可能不是专门为男孩和年轻男子而设计的，但它们在促进军事文化方面的影响不容忽视。以来源国在某一特定战役中获胜为主题的游戏，也促进传播了这种文化。

不过，战斗也可能有比较温和的一面。德国的《游戏的骑士》产生于18世纪末，是关于一个有抱负的骑士经历考验的浪漫的童话故事。只有在取得这些成功后，他才能成为一名骑士，然后耐心地等待，直到另一个玩家也克服困难成为他的对手，在决战中战亡。你可能会想，这是一款专为男孩设计的游戏吧？不，游戏规则还设定了一个场合，其中一个女性玩家可以给予一个纯洁的吻！

尽管本章大多数的游戏都是掷骰子然后走棋的类型，只能沿着赛道往前走，但《攻击游戏》是个例外。这是一个在两个玩家之间较量"心智"的游戏，一个玩家控制着两个保卫城堡的"军官"，另一个控制着试图攻克城堡的"叛军"。这种游戏有很长的历史，最初的版本是狐狸和鹅对决。这说明游戏可以在不改变模式的情况下适应时代。

《帝国海军新游戏》

巴黎：巴塞特

The New Game of the Imperial Navy.

Paris: Basset

约 1810 年

　　《帝国海军游戏》对《赛鹅图》重新进行了极其诱人的阐释。63格的螺旋赛道代表了海军舰艇从登船到安全港口的航行。在奖励格，投掷的点数会加倍，如"风在船尾"代表着顺风。另一个奖励格是第6格——海角，环绕一个海角航行被称为"加倍"海角。加倍之后会来到第12格。当然，在这条路上也有危险。在第32格，船搁浅在浅滩上，必须等待另一艘船的援助。在第52格，船被海盗劫持，而且必须等待救援，就像《赛鹅图》中的监狱格一样。第58格是一艘沉船，类似死亡格的作用，即玩家必须重新开始。具有教育意义的一点是，非活跃格上有海军技术术语的简短定义，通常带有说明性图片。但奇怪的是，位于游戏中心的一长串舰船部件列表却没有对应的标签图像。这些可能是游戏在拿破仑时代更新时被遗漏的内容。

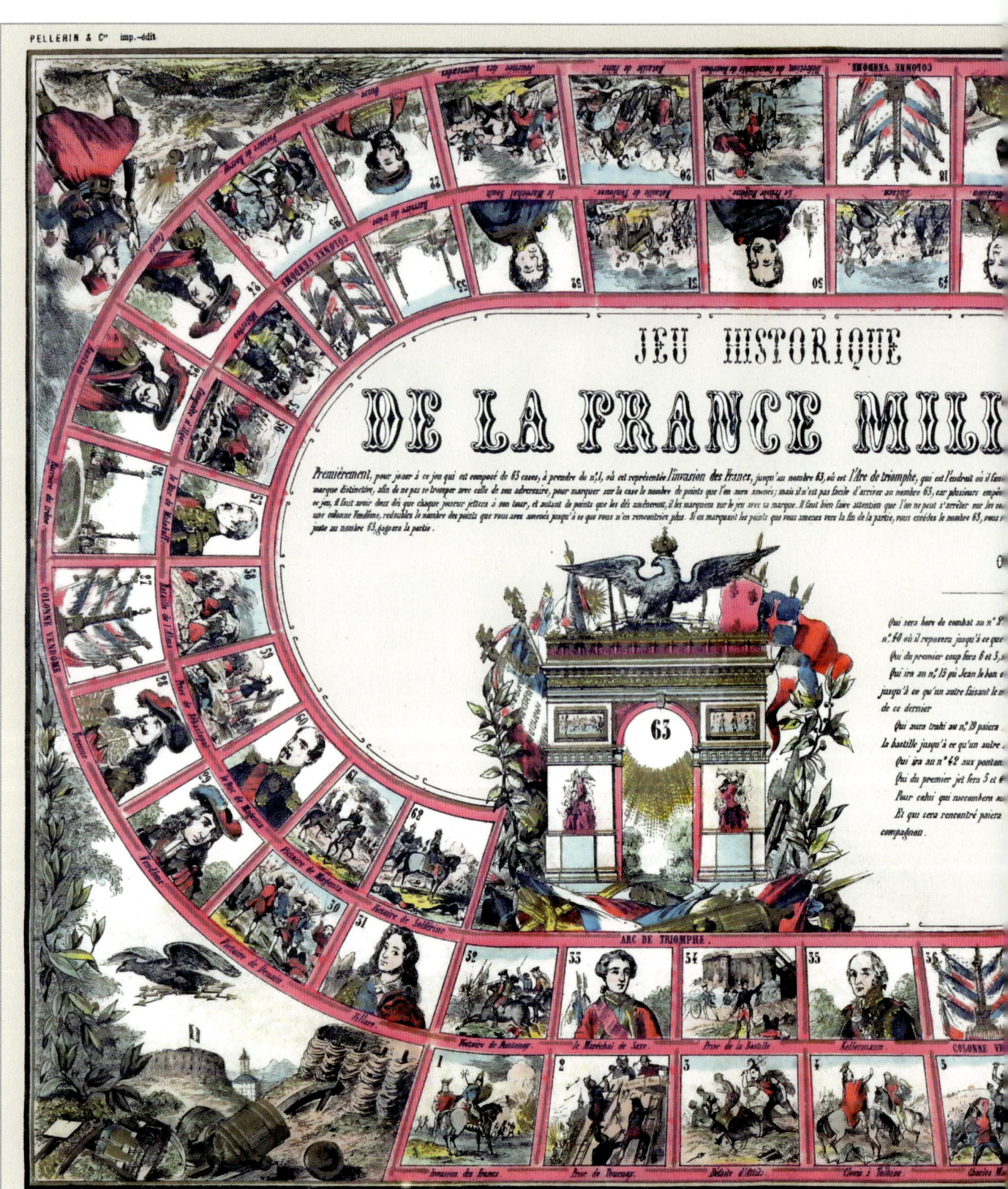

《法国军队的历史游戏》

埃皮纳勒：佩莱伦

Historical Game of the French Military.
Épinal: Pellerin

约 1860 年

    这个历史游戏讲述了法国军事力量发展的历史。这是基于《赛鹅图》的63格游戏。在这里，9的倍数格都是奖励格，可以看到插满旗帜的旺多姆圆柱。1805年，拿破仑一世为了庆祝他在奥斯特里茨的胜利而建造了这个圆柱，并在圆柱顶上设立了自己的雕像。19世纪70年代，巴黎公社因将之视为战争和征服的象征而拆除了它们，但很快就又被重建了。游戏的目标是到达凯旋门。赛道上装饰着许多代表法国凯旋的图案。第4格显示了公元500年左右，法兰克第一任国王克洛维在托尔比亚克战役中取得胜利的场景；其中一个危险格——第15格显示了圣女贞德被囚禁的情景，这是监狱格的常规规则。其他格展示了一些法国军队战败的场景。例如，第20格显示了在1525年的帕维亚战役中，法军被意大利军队击溃；玩家在帕维亚登陆时，将面临战斗的挑战，必须在那里停留两轮，将伤员送往第40格——巴黎荣军院，即退伍军人医院。第55格显示了1815年滑铁卢战役，如同死亡格，需要"重新开始"。倒数第2格带我们来到现代，展示了1859年拿破仑三世统治下的法国军队和艾曼纽二世统治下的撒丁岛军队在索尔费里诺战役中战胜奥地利。这个游戏的立意很好，也许还会激发人们对游戏中所描述的事件的好奇心。

《骑士游戏》

布拉格：法雅姿公司

Game of the Knights. Prague: Fraza

约 1820 年

　　这版浪漫的《骑士游戏》在布拉格印刷，面向的是德国市场。每个活跃格里都有具体的指示，大多数要求玩家前进或后退。游戏讲述了一个年轻人在外赛道沿途行进，渴望成为骑士的故事。一路上，他有许多困难需要克服。如果想在第11格过河，玩家必须将两个骰子掷出一样的点数。一路上，玩家可能会遇到几个向导，有些有用，有些没用。在第19格旅馆，玩家必须付住宿费，但可以再扔一次。在第33格，玩家赢得马刺，同样可以再掷一次骰子。需要注意的倒霉格是第60格，这里有一个没有骑马的骑士，因此玩家必须重新开始游戏。令人高兴的是，如果玩家成功到达第61格，将被授予骑士称号，并可以参加最后的游戏——但在游戏开始之前，玩家必须等待另一位玩家赢得骑士头衔，成为你的对手。然后，两名骑士沿着由24个小广场构成的中央赛道决一死战。这里会有突然死亡的可能，如果玩家来到有骷髅头的一格，则对手获胜。其他版本的游戏有详细的规则小册子。这些都清楚地表明，这个游戏是为年轻男女设计的，有时年轻的"骑士"会赢得来自异性朋友的一个吻。

《军团》

设计者：卢多维奇
巴黎：莫克莱－达西耶

The Regiment.
Designed by Ludovic.
Paris: Mauclair-Dacier

约 1895 年

这幅精美的彩色平版印刷棋盘描绘了一个年轻新兵在法国军队里的成长过程：游戏展现了制服的许多细节。军队生活的场景远远超出了战斗和游行。因此，在赛道的起点，我们看到了抽签的场景，用来决定谁将被征召并参加随后的医学检查，以及到达军团的场景。有一个新兵看起来是罗圈腿，可能无法通过检查。我们不会忘记士兵时代的单调乏味：在第20格，我们看到的是擦鞋的场景——往鞋上吐唾沫，然后把鞋擦亮。第22格展示了一个人因为对"糟糕的结果"不满而冒犯别人。赛道的尽头运用了最先进的技术：骑在自行车上的快递员、报务员（电线电报员而不是无线电电报员）和用于观察炮火的军用气球。然而，这款游戏是非常人性化的军队生活的写照——在第52格，预备役军人告别他的妻子和孩子，而回家休假时是那么高兴。在传统的58格，一名战士光荣战死，64格里的战士则被剥夺了军衔。游戏的目标当然是胜利，心怀感激的民众欢迎军团作为解放者归来。这是一款让人在视觉上很享受的游戏。

FROM SAILOR-BOY TO ADMIRAL
A new Naval Game of great interest.
Published by
C. W. FAULKNER & Co. London E.C.

BEN
TOM
JIM
JOHN
GEORGE
DICK

1 ENTERS THE
2 3 4 5 6 7 8 9 10 11 12 13 14 15 16
17 18 19 BRAWLING. 20 21 22 23 24 25 26
27 A BRAVE LANDING PARTY. 28 29 30 31 32
33 SAVES CAPTAIN FROM SHARKS. 34
35 36 37 38 39 40 41 42 43 44 45 46 47 48 49 50 51 52 53
54 55 56 57 58 59 60 61
62 SHIP ON THE ROCKS.
63 64 65
A MUTINY ON BOARD. 66
67 68 69
ATTAINS THE RANK OF CAPTAIN. 70
71 72 73 74 75 76
SHIP FOUNDERS WITH ALL HANDS. 77
78 79
PROMOTED TO THE RANK OF VICE ADMIRAL 80
81 82 83
84 BOMBARDMENT OF HOSTILE PORT.

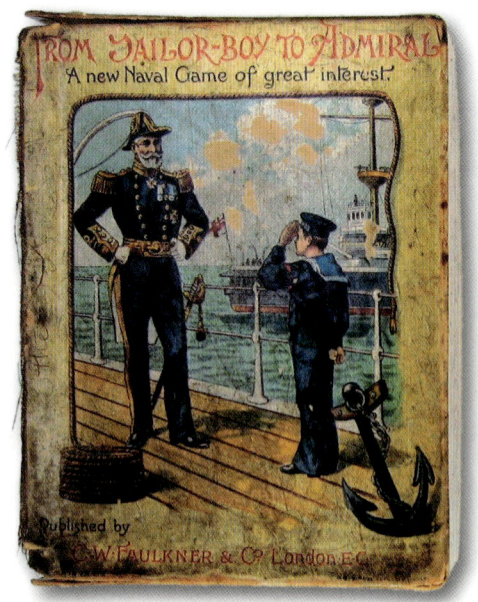

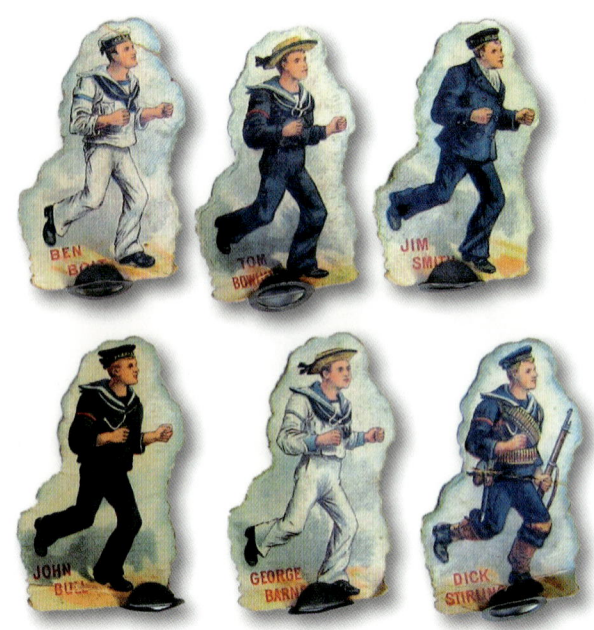

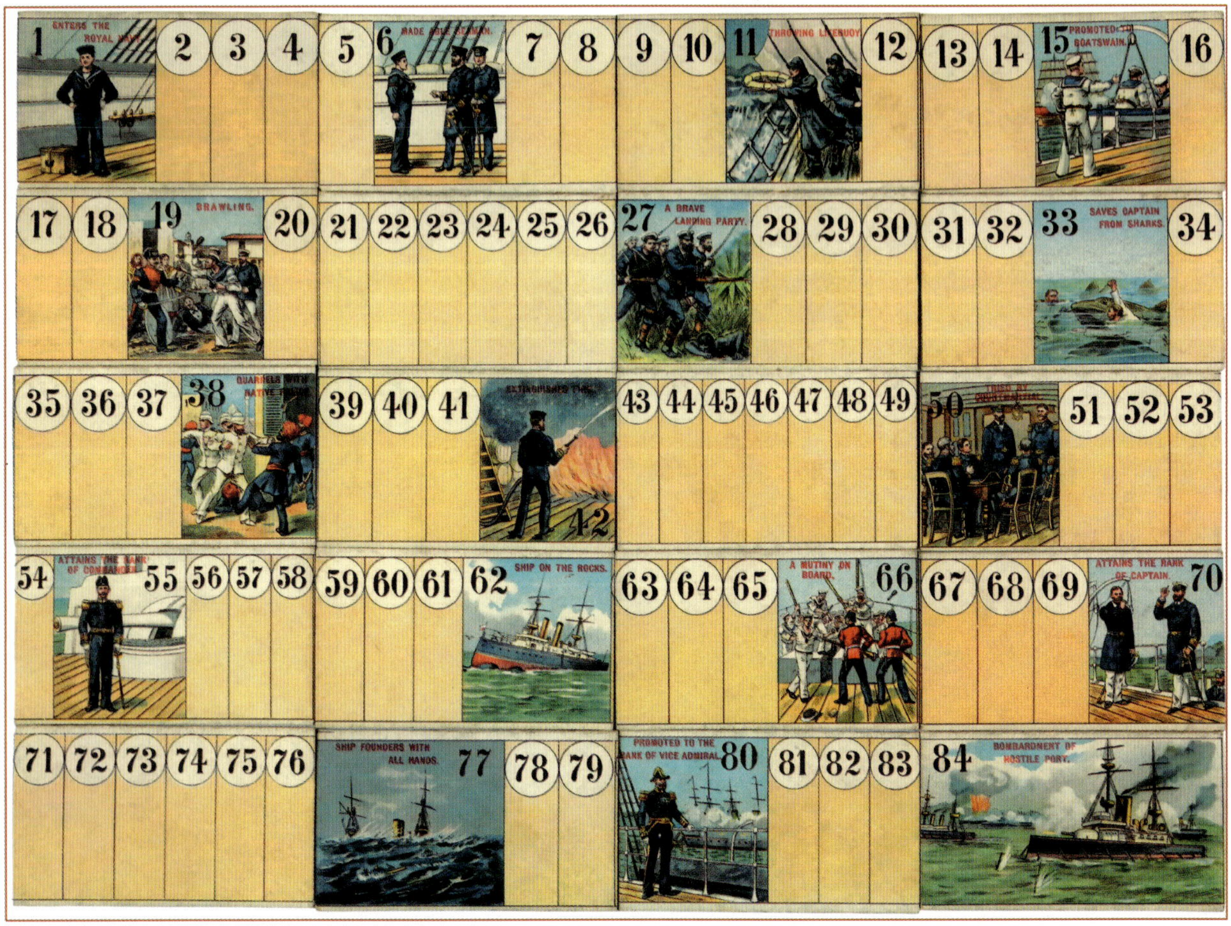

《从水手到海军上将》

伦敦：福克纳公司

From Sailor Boy to Admiral. London: Faulkner

约 1900 年

  这里我们要介绍一款没有棋盘的棋盘游戏！更确切地说，棋盘是一副有编号的纸牌，按照玩家喜欢的赛道形状排列。伦敦的福克纳公司制作了一整套这种无棋盘的游戏。第一款游戏叫优匹敌（Upidee），是一个关于跨栏赛马的主题游戏。这里展示的游戏代表了一个年轻的水手在皇家海军的理想职业，他先是成为一名水手，然后成为水手长，最后晋升为军官，先后担任指挥官、船长和海军中将。途中会有各种各样的海上冒险，有些甚至是比较罕见的情况。他因为从鲨鱼那里救出船长而赢得了一枚奖牌，可以多玩一轮。第50格的军事法庭场景更让人觉得真实，主人公因工作时醉酒而受审，并被减去5年军龄（当时皇家海军的晋升取决于个人在特定军衔的服役年限）以作惩罚。他必须回到第39格，并在奖池中放入3个筹码。但在第62格，他遭到了更大的威胁——航行失误导致船只触礁。他因此而被解雇，即玩家必须退出游戏。这个游戏很吸引人，彩色平版印刷的棋盘上满是穿着鲜艳制服的水手形象，总能立刻吸引人的注意。

《布尔和鲁因克》

设计者 E. G. 施勒特

阿姆斯特丹：科斯特兄弟公司

Boer and Rooinek Game.

Designed by E G Schlette.

Amsterdam: Koster Bros.

约 1900

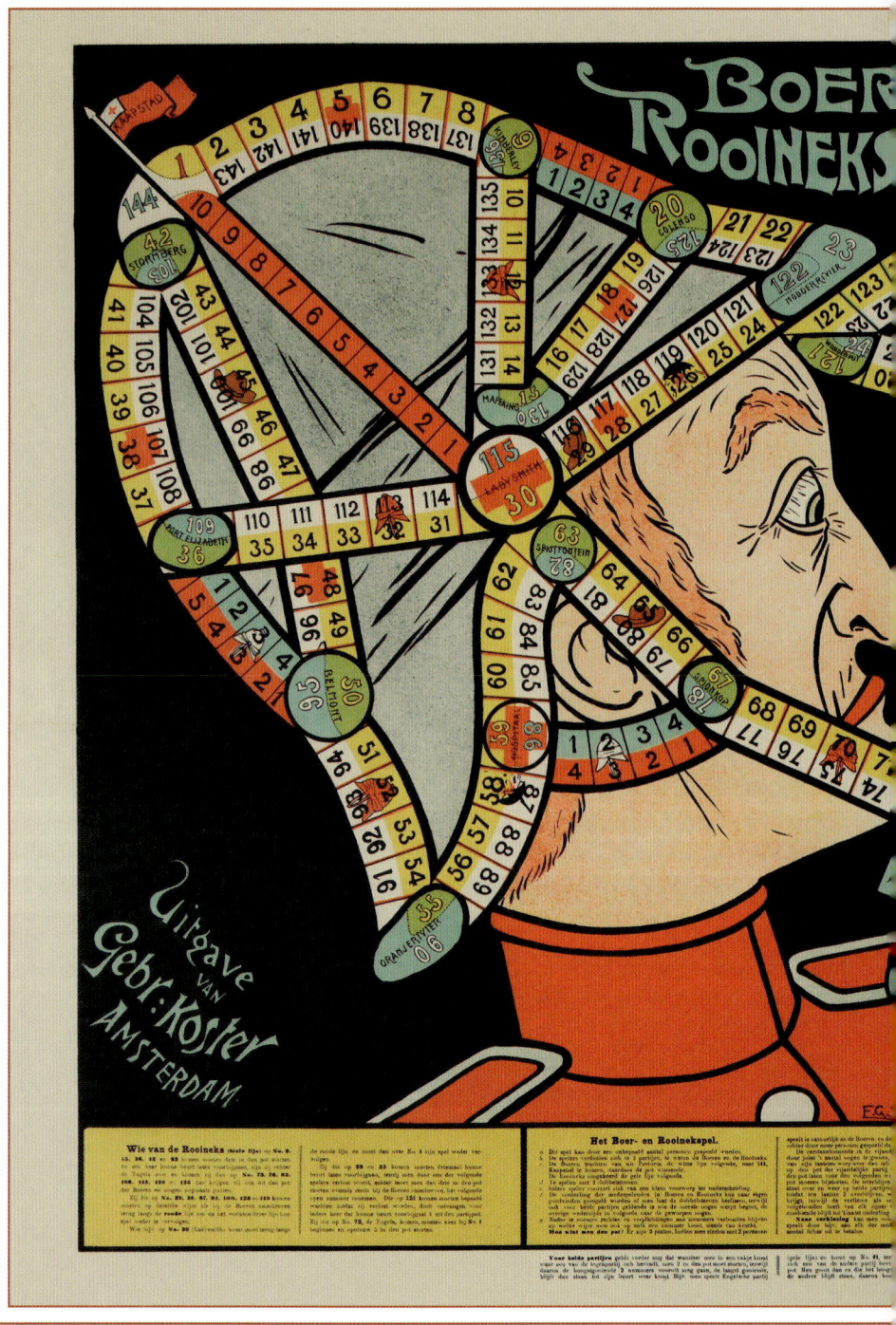

虽然《布尔和鲁因克》的游戏制作粗糙，但里面的漫画影响力很大。"鲁因克"（来自南非荷兰语，意思是"红脖子"）是一个贬义词，现在仍用于形容说英语的南非人。据说它是由在南非作战的英国士兵晒伤的脖子演变而来的。这款游戏是在1899年至1902年大英帝国与两个布尔州——南非共和国和奥兰治自由州之间的第二次布尔战争期间发行的。起初，布尔人大获全胜——他们在克伦索、马格斯方丹和斯托姆伯格战役中取得了重大胜利，还围攻了拉迪马斯、金伯利和马菲金（现在的马希金）。游戏反映了这些早期的成功，从英国士兵脸上痛苦的表情和布尔人脸上的喜悦就可以看出。然而，在后来的战争中，英国人投入了相当大的兵力，所以结果是毋庸置疑的。这个游戏有两个相反的编号赛道。布尔人从比勒陀利亚出发，沿着白色的赛道，前往卡帕斯塔德（卡佩敦），也就是他们的胜利格144。红脖子的人沿着黄色的赛道朝相反的方向走。红蓝两色的赛道是近路，每当红脖子的人和布尔人走到赛道上的连接点时，就可以走这两条赛道。这个游戏有一套自己的复杂规则。

《新围城游戏》

阿姆斯特丹：维列格公司（不确定）

New Game of Besieging.

Amsterdam: [probably] Vlieger

约 1880 年

  这款游戏的纸质棋盘呈现了一种不同寻常的方式，左上角放着早前版本的棋盘，还在上面添加了游戏规则，并以生动的战斗场景作为装饰。根据棋盘中心的图片可以判断，早前版本的棋盘是 1860 年左右出版的。主要人物是国王威廉三世的肖像，从 1849 年到 1890 年去世，他一直是荷兰国王和卢森堡大公。在图中，他是军队总司令的形象，穿着 1854 年至 1865 年间荷兰皇家军队的制服。游戏的赛道有 56 格，用双骰子玩。游戏刚开始的时候，玩家轮番掷骰子，掷得骰数最高的玩家为将军。如小图片所示，在去战场的路上会遭遇许多危险。所有这些格子都有详细的规则。例如，在显示国王的第 11 格，玩家必须支付 10 个筹码才能买到好位置，从而观赏到国王经过的情景。在第 14 格的牢房里，玩家必须待上一晚，停玩一轮，第 28 格显示的是站岗，玩家同样需要停玩一轮。在第 52 格，打扮成在街头演奏手风琴的玩家被认定是间谍，并被当众射杀（同《赛鹅图》中的死亡格），玩家必须重新开始游戏。

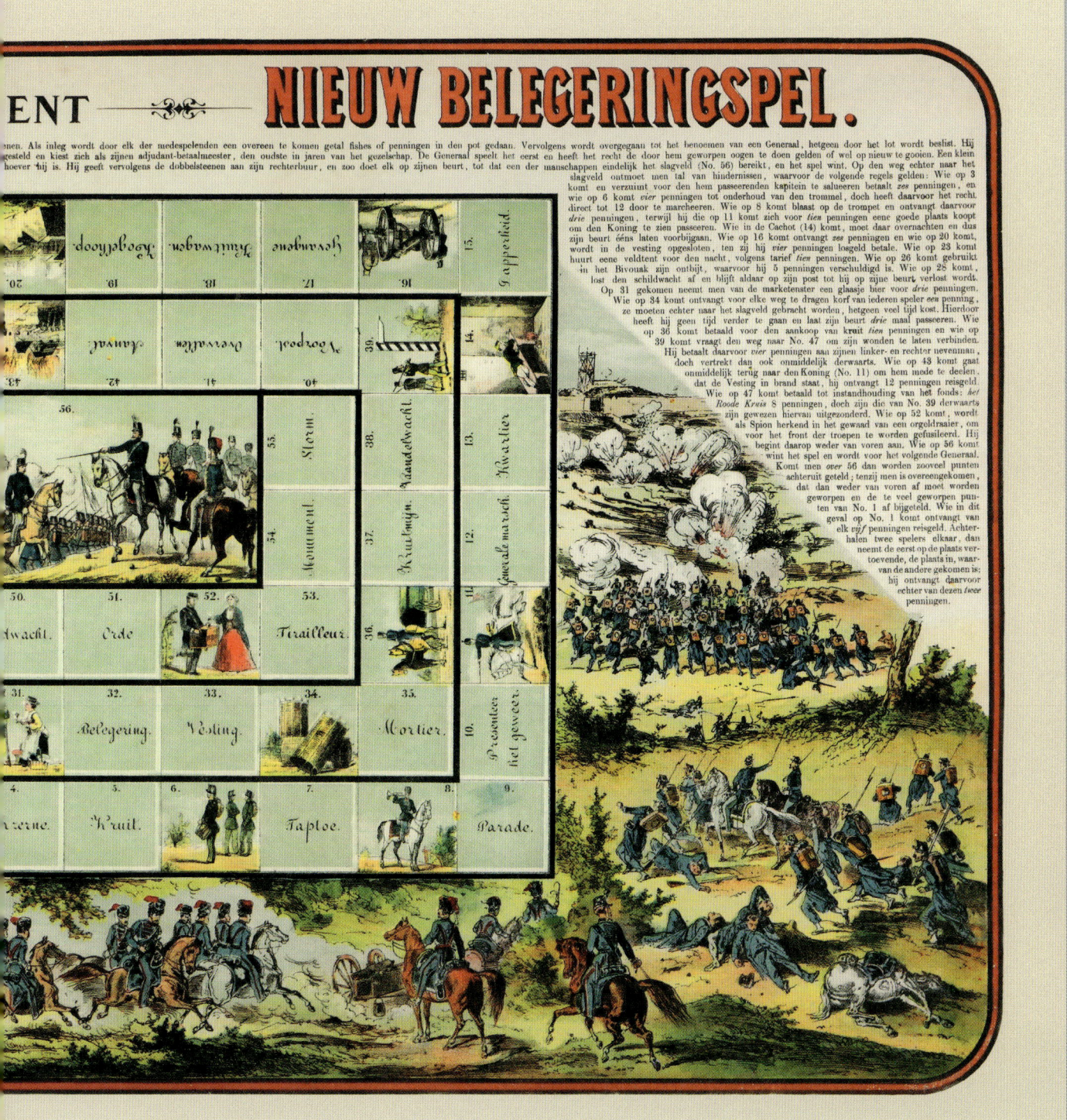

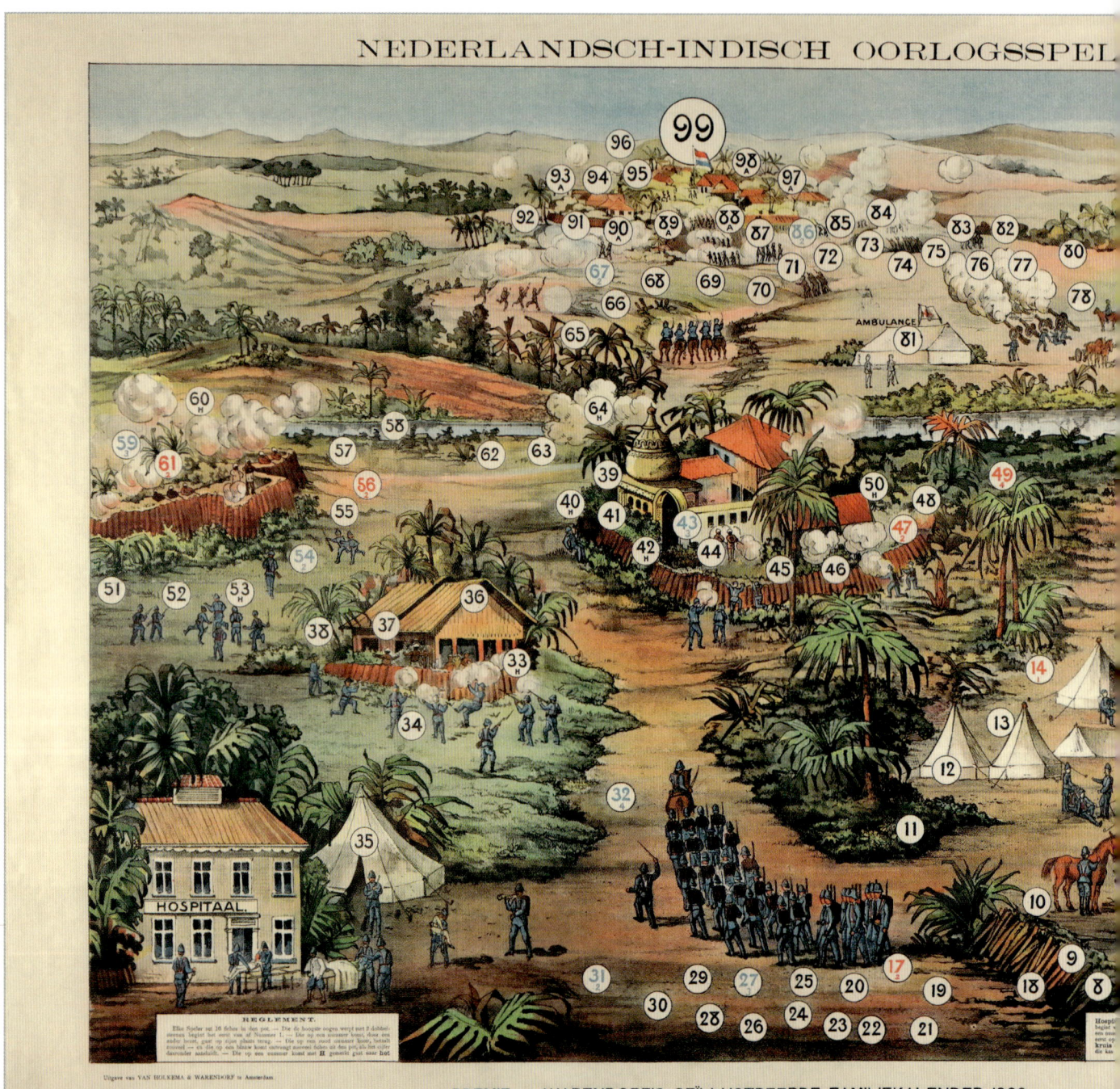

《荷兰-印尼战争游戏》

阿姆斯特丹：华伦多夫公司

Game of the Netherlands-Indies War.
Amsterdam: Warendorf

1903 年

1903 年，华伦多夫公司发行了一本精美的大型游戏手册，作为家庭年历的免费附录。这种年历上印有"9 本精彩的小说"和 16 个彩盘。游戏纸质棋盘可能再现了在荷属东印度群岛的亚齐战争（1873—1914）。这是荷兰王国发动的一场殖民战争，理由是保护马六甲海峡，以对付来自印度尼西亚亚齐岛北端的海盗。马六甲海峡是连接马来半岛和印尼苏门答腊岛的重要航道。游戏规则很简单。赛道用带编号的圆圈表示。在任何有红色数字的格子，玩家都需要往奖池里支付相应数量的筹码。而在任何有蓝色数字的格子，玩家都可以拿走相应数量的筹码。如果玩家来到标有"H"的字母格上，就去第 35 格的医院，并将筹码支付到一个单独的奖池里，而在标有"A"的字母格上，玩家必须去第 81 格的救护车（战地医院）。获胜者将得到一枚奖章（"骑士十字勋章"），并获得奖池里的筹码，医院里最后一个病人将得到医院奖池的筹码。有趣的是，这款游戏的插图是根据 1879 年发行的一款老游戏重新绘制的，添加了各种棕榈树和一座带有东方穹顶的建筑。早期的游戏描绘了布尔战争[1]以及并无关联的一个远东场景。这也许是出于对亚齐战士的同情，他们看起来组织良好，处于良好的防御位置。

---

1 布尔战争，指 1899 年 10 月 11 日至 1902 年 5 月 31 日英国同荷兰移民后代阿非利卡人建立的德兰士瓦共和国和奥兰治自由邦为争夺南非领土和资源而进行的一场战争。

《进攻》

巴塞罗纳：帕鲁兹公司

Asalto. Barcelona: Paluzie

约 1900 年

《进攻》是一款两人玩的技巧、策略类游戏，有很多不同的名字。这个版本的游戏也被称为《德国战术》。要在游戏棋盘上玩这个游戏，玩家需要两个同一种颜色的筹码来代表军官，24 个另一种颜色的筹码来代表叛军。两名军官在游戏棋盘顶部保卫堡垒，从 1 到 9 点的任何位置开始。叛军从堡垒下面的 24 个红点开始。一个玩家控制军官，另一个玩家控制叛军，每个玩家轮流移动一个筹码，叛军先移动。叛军只能沿着白线向任何邻近的无人居住点前进；它们不能沿着黑线移动。两名军官可沿任何线路向任何方向移动至任何邻近的空置地点。军官也可以"捕获"或者说赶走叛军，就像在跳棋中一样，只要叛军前面的着陆点是空的，军官就可以从他上面的任何方向跳过去，但跳跃必须在一条直线上。两名军官不可以赶走对方，他们之间也不可能互相跳过。如果叛军能把两名军官都赶出堡垒并占领所有 9 个据点，叛军就赢了。如果军官能够减少叛军的数量，那军官就赢了。尽情享受这样的斗争吧！

第七章
运动与休闲主题游戏
——享受乐趣！

  印刷的竞技游戏适应性很强，几乎所有活动都能激发游戏的灵感，比如滑冰、骑自行车、滑雪和露天游乐场。这些游戏生动地描述了19世纪的休闲文化。

  在19世纪后期，强调儿童和青少年教育的游戏被更广泛的游戏所取代，游戏的主题更能代表成年人的休闲兴趣。一些游戏商家努力再现上流社会娱乐活动的刺激，比如在全国各地举行的赛马游戏，即障碍赛马。这些游戏主要吸引人的地方就是赌博的环节，就像在现实生活中一样。然而，中产阶级尤其受益于工业机械化带来的繁荣，他们发现时间和金钱也可以用来追求各种非功利的活动和消遣。游戏制造商很快就发现了满足每一个最新热潮的机会。虽然游戏不可能直接提供真正能享受的东西，但总能想方设法制造兴奋点，让人们沉迷其中。例如，19世纪最后10年的自行车热潮在许多国家催生了这一主题的游戏，那个时代骑手可能遭遇的各种不同事故更为这些游戏提供了养料。那是一个自行车装备飞速发展的时代，棋类游戏的设计者们不得不迅速跟上。

  19世纪末另一股狂热是轮滑运动，由此产生了一个新词"轮滑迷"，用来形容轮滑爱好者的无节制热情。滑板设计的改善使这项运动在19世纪末期的欧洲变得非常流行。不过也有一些事故和尴尬。本书第8-9页图示的《滑冰场》就生动地展示了这一点。在游戏中，两支队伍在两条赛道上进行比赛，如果他们在赛道交叉的地方相遇，就意味着"悲惨失败"，双方必须重新开始游戏。但游戏的真正乐趣在于一些社交场景的细节——各种意外事件和人们的反应，不同年龄和不同阶层的人混合在一起时穿着的不同服装。最初，轮滑就是一种青年男女都可以参与的娱乐活动，而且年轻人可以享受一些自由，不受无聊习俗的束缚——这是性别革命中微小却颇具意义的部分。

除了体育类的娱乐项目外，还增加了机械化的游乐场景点，有些是为小孩子设计的，有些则是为高年龄段的人设计的，如《1900年巴黎世博会的大转轮》。这些特点也在新设计的棋盘游戏中得到了体现。精美的《花车游行游戏》是以社会活动作为游戏主题的另一个例子，棋盘还起到了纪念一个辉煌的皇家事件的作用。相比之下，圣诞老人的游戏则牢牢地扎根于荷兰家庭中，在平安夜送礼物和设宴仍然是荷兰的传统。游戏插图引人入胜，无疑表现了孩子们在这样一个夜晚有多么高兴和惊奇。

当时正在兴起一种适应休闲市场的新游戏——《蛇和梯子》——对19世纪晚期的欧洲人来说当然是"新"的，但它其实是基于一种更古老的道德教育游戏而衍生的。在印度、尼泊尔等地可能早在13世纪就为人所知。在最初的版本中，玩家沿着板子向上走向毗湿奴[1]或涅槃，有时会落在有美德的地方，这些美德会加速向前的进程，或者落在标有恶习的地方，这些恶习沿着蛇向下延伸。此游戏的简化版本于1892年出现在英国，之后成了孩子们的最爱。在欧洲大陆，原版的《蛇和梯子》的游戏从未站稳脚跟，但它却产生了主题变化，包括基于马戏团的版本，以及我们书中展示的用平底雪橇滑冰的版本。

1　毗湿奴，印度教三相神之一。

《障碍赛马游戏》

巴黎:卢梭公司

The Steeplechase Game. Paris: Rousseau

约 1880 年

《障碍赛马游戏》是一款跨篱笆、栅栏和沟渠的赛马游戏。折叠装的纸质棋盘很大,展开后的规格可达 73 厘米 × 48 厘米,并以彩色平版印刷,再以手工着色。这个游戏配了一盒漂亮的马模型,是由金属浇注和手工绘制成的,还有一组栅栏和其他的障碍物,放在赛道上作为装饰。这款游戏在巴黎生产,面向英国市场,质量很好,但仔细检查游戏中心的规则就会发现英语部分有几个错误。此游戏是为了赌博,玩家可以选一匹以上的马,但超过一匹之外的马,每匹都要支付 1.5 英镑的筹码。第 57 格显示了一匹马在围栏上跌倒——在这里的马必须重新开始,但没有进一步的惩罚。但是第 84 格,在水上跳跃的时候情况更糟——这里的马不仅必须重新开始,还必须支付新的筹码。数字外围着一个圆圈的格子,就像驿站,因此马必须往回走,同样的规则也适用于篱笆、栅栏和沟渠。该游戏用两个骰子玩,如果玩家想加快进度,也可以用四个骰子玩,直到接近尾声。我们可以想象,这样的话钱会以惊人的速度易手。显然,游戏的设计者并不认为他们的规则是完美的。最后,在游戏规则中,设计者表示玩家"可以建立自己的规则"。

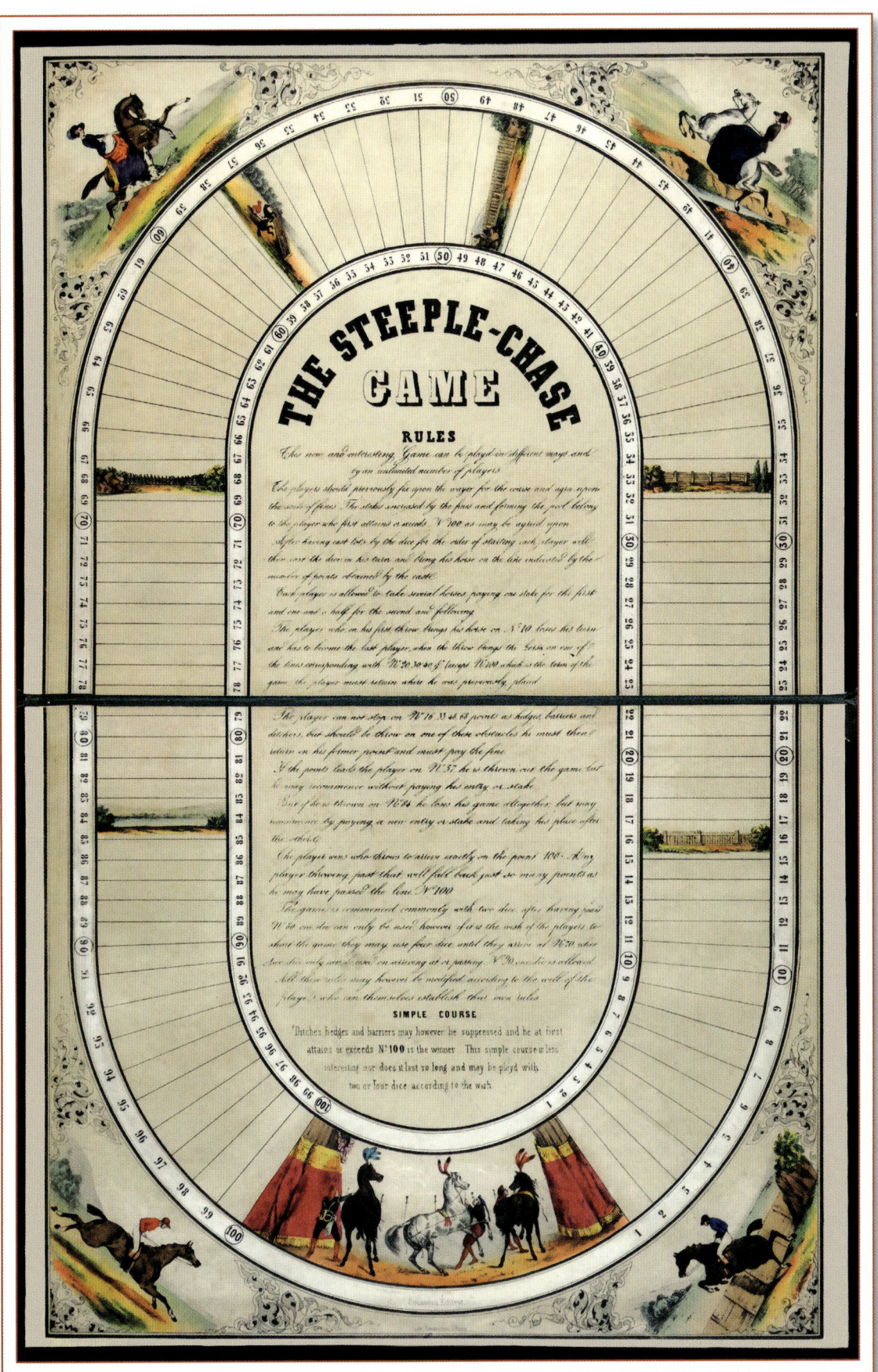

《圣·尼古拉斯游戏》

阿姆斯特丹：维列格公司

Saint Nicholas Game. Amsterdam: Vlieger

约 1890 年

在荷兰，所有的好孩子都期待圣诞老人或孩子的守护神圣·尼古拉斯的到来。每年的 12 月 6 日是圣徒命名日，人们会在圣·尼古拉斯之夜赠送礼物。在众多关于圣诞老人的传说中，圣·尼古拉斯是主流文化中圣诞老人的原型人物。中央的装饰显示，圣人在黑彼得的帮助下分发礼物，传说中，他是来自西班牙的摩尔人。这个游戏是对《赛鹅图》的巧妙改编，展示了夜晚庆祝的快乐习俗。其中一个习俗是，将给孩子们的礼物放在靴子或鞋子里，而在游戏中则是放到数字 9、18、27 等奖励格里。危险格针对孩子们做了改编：客栈变成了玩具店，在那里玩家不仅需要付钱，还要停玩一轮。而死亡格变成了黑彼得的口袋，第一个掉到里面的顽皮孩子会被带走。如果第一轮投掷出 9 的话，会有特殊的规则，男孩和女孩的也不同。根据投掷的细节，玩家可以在第 25 或 26 格与一位漂亮的年轻女士或年轻男士订婚，也可以在第 51 或 53 格与一位不太漂亮的中年女士或男士订婚。

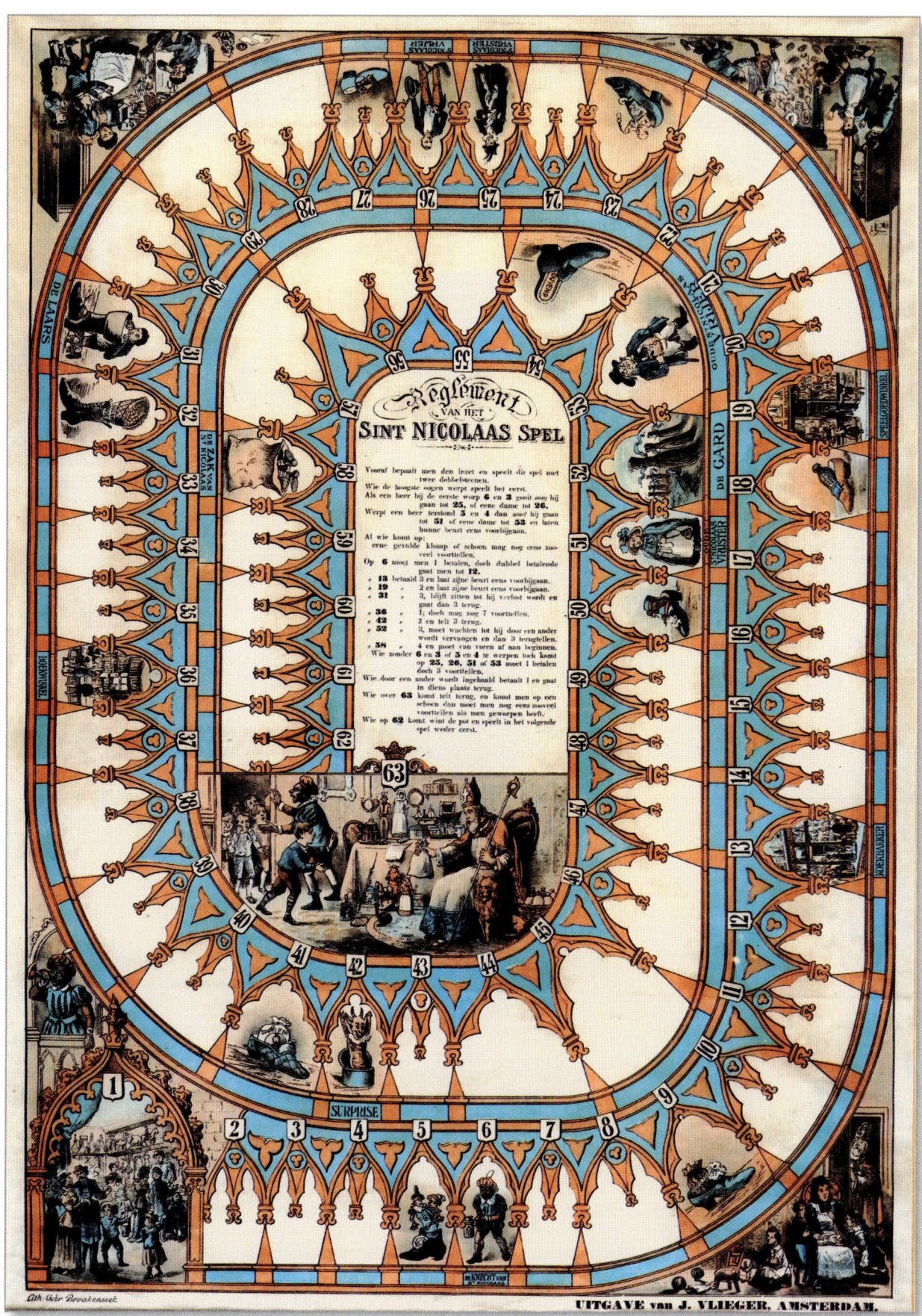

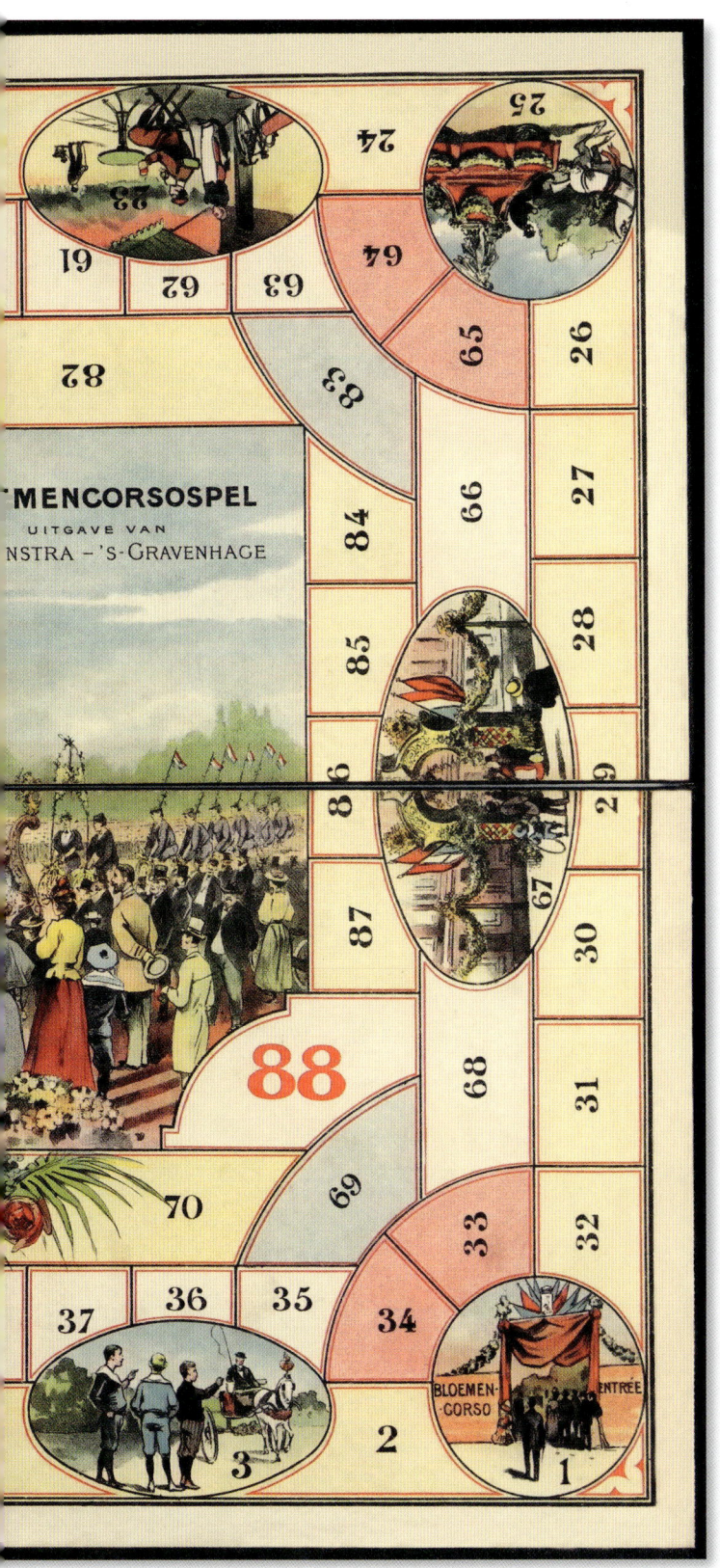

《花车游行游戏》

海牙：凡斯塔

Game of the Flower Parade.
'S Gravenhage: Veenstra

1899 年

　　花车游行是荷兰的一个传统，春季在整个种植花苞的地区进行。游戏中的海牙游行是为了庆祝一个特殊的事件——威廉敏娜女王的就职典礼。她出生于1880年，1890年威廉三世去世后成为荷兰女王。她的母亲一直担任摄政王，直到1898年威廉敏娜成年宣誓就职。游戏中，女王和她的母亲以及其他皇室成员站在拉着窗帘的讲台上观看游行。彩车由4匹马拉着，装饰成象征皇家的橙色，车上面镶着一顶花冠，显然这辆车获得了比赛的一等奖。88格的赛道上装饰着游行途中发生的各种事件的场景。在游戏中，能明显看到荷兰人对骑自行车出行的热情。但事情并非总是一帆风顺，在第9格，玩家必须停下来修理自行车。在第23格玩家可以休息一下，喝上一杯，抽上一斗烟，但必须等到另一个玩家来接替位置。乘坐马车旅行也不是没有事故：在第49格，玩家的马车撞到了一个行人，因此必须返回4个格，而且还会因为转弯时太过鲁莽而停玩一轮。相比之下，在第25格，玩家已经为花车赢得了二等奖，并可能再次得到双倍积分。不同寻常的是，如果投掷后的点数正好让你落在另一名玩家的后面，则可以跳过那名玩家，而那名玩家必须重新开始游戏。

《旋转木马》

阿姆斯特丹：乔斯·瓦斯·迪亚斯

Carousel Game. Amsterdam: Jos. Vas Dias

1889 年

《旋转木马》游戏不仅有孩子们享受游乐设施的欢乐场景，而且极富创意。这款游戏有一个不同寻常的特点，游戏开始时，玩家需要通过叫牌[1]来决定谁是"租用者"，即租用旋转木马的人。租用者即图中戴着腰包站在右边的那个人，不管哪个玩家走到有红色数字的位置，他都可以收取一个筹码。筹码会累积到开始时叫牌最高的玩家手中。位于游戏中心位置的 7 号格上方是赢家的奖池。每个玩家每回合必须支付一个筹码，奖池里的筹码越来越多。第二个创新是使用两个骰子，但是它们的点数是用来相乘，而不是像往常一样相加。因此，第 37 格胜利格的位置很有可能被超过。多余的点数则只能往回走，不像《赛鹅图》里还能继续往终点走，所以玩家真的走了一圈又一圈，就像旋转木马一样。同样，如果一个玩家的标记物被另一个玩家击中，该玩家必须重新开始。这个游戏显然教了孩子们一些有用的算术，也教了他们如何下好赌注，而不是期望游戏越长越好。这是否能教导孩子们为生活做好准备呢？答案可能仁者见仁、智者见智。

---

1 叫牌，桥牌术语，指在特定情况下（例如桥牌中的确定王牌和要赢得多少墩牌）声称要取得什么结果，或者合约桥牌中叫牌人请求搭档提供一定信息的行为。

《巴黎大转盘》游戏

巴黎：法布里克

Game of the Giant Wheel of Paris. Paris: Fabrique S. C.

1900 年

这个巨大的摩天轮是 1899 年为世界博览会（Exposition Universelle）而建造的。世界博览会于 1900 年 4 月 14 日至 11 月 12 日在巴黎举行，以庆祝过去一个世纪的成就并展望下一个世纪。这座摩天轮高达 106 米，是当时建造的最高的全景摩天轮，比 1883 年为芝加哥的世博会所建造的菲利斯巨轮（Ferris Well）高得多。它有 40 节轿厢，每节能载 40 名乘客。如果以摩天轮的形象来设计赛道的话，那么像《赛鹅图》这样的 63 格就太多了。设计师采用了折中的办法，摩天轮上仍旧是 40 格，但左下角增加了 1 格，玩家从这里开始，才能移动到摩天轮上，然后中间的旗帜上增加了 3 格，右下角还增加了一个胜利格。这里也有传统的危险格，但是监狱格被移到了第 22 格，死亡格被移到了第 38 格。可以看出，这款游戏特意贴近《赛鹅图》的设计，但奇怪的是，并没有点数加倍的玩法。也许华丽的图形是引人注意的必备部分。当然，赛道上的格子装饰得生动活泼，一些格子展示了巴黎的重要建筑，包括当时新建成的埃菲尔铁塔。游戏中不仅展现了真实的铁塔，还在第 3 格描绘了人们正在搭建铁塔造型的沙雕，十分有趣。

《自行车运动》游戏

阿姆斯特丹：维列格

Cycle Sport Game. Amsterdam: Vlieger

1891 年

　　《自行车运动》游戏中的插图提供了 1891 年自行车运动发展的快照。在这里，我们不仅有"前轮大后轮小的脚踏车"的机器竞赛，及其随之而来的危险，而且还有更多不同形状的稳重的三轮车，以及各种各样的帽子——从骑师的帽子到精致的大礼帽——显然，男女老少都喜欢这项运动。这款游戏是对《赛鹅图》的重新诠释，红队和蓝队在两个对立的赛道上竞争。如果第一次投掷出 9 点，那么玩家要么是荷兰的冠军，要么是世界的冠军，根据赛道有可能直接去往第 21 或第 42 格。奖励格上画着单轮的图案，玩家走到这里点数加倍。如果两个玩家来到同一格，那么玩家只能重新开始，而如果机器坏掉或有故障则会停玩一轮。如果碰到女士自行车、后轮自行车和水上自行车则需要另一个玩家来解救你。水上自行车看起来完全是出于想象，但实际上很像 1891 年发明的平克特导航三轮车（Pinkert Navigating Tricycle），发明者骑着它走到了英吉利海峡的一半，后来被路过的船只救起。

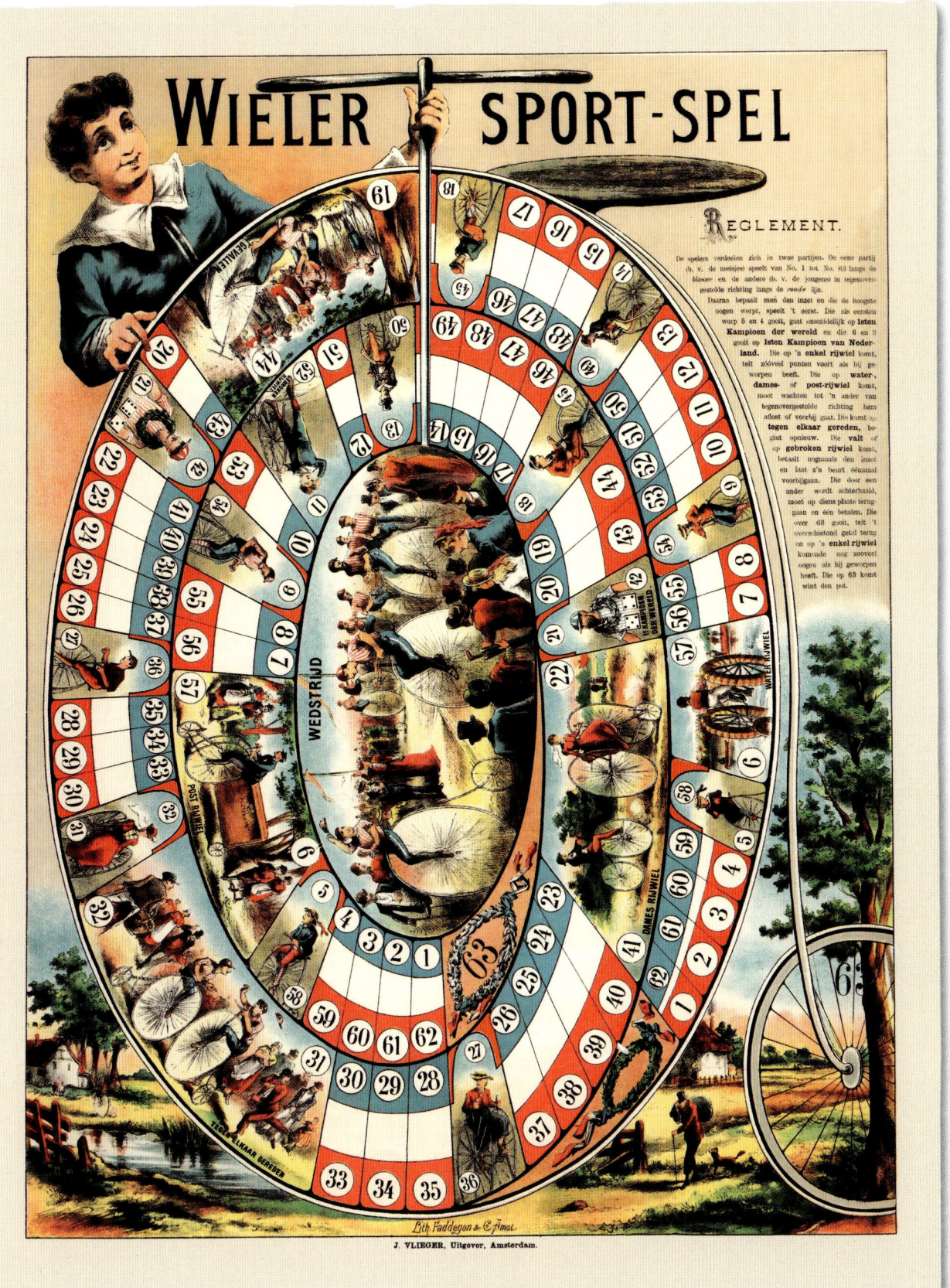

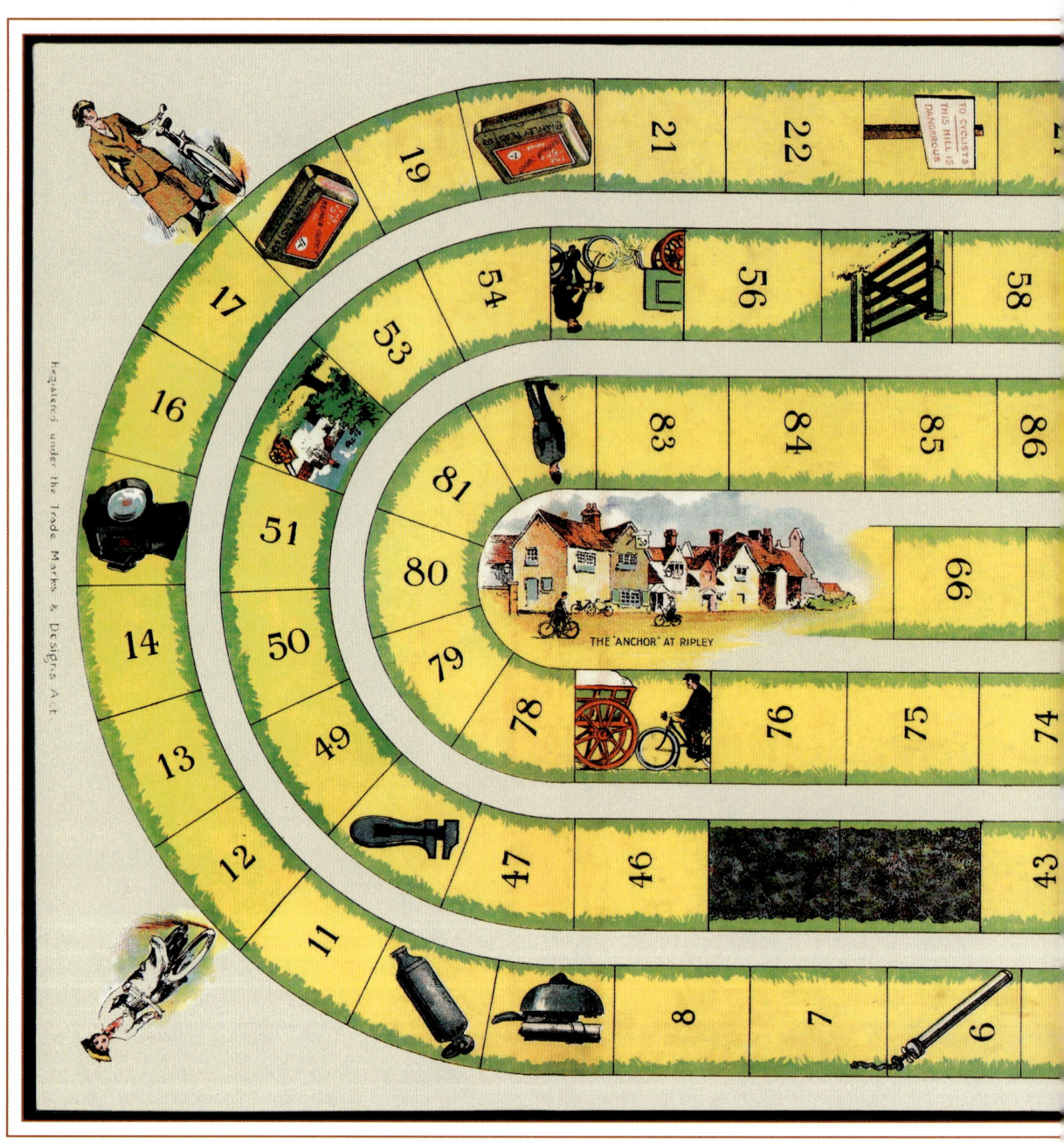

《骑行》

伦敦：杰奎斯

Wheeling.

London: Jaques

1900 年

到了世纪之交，随着"安全自行车"的出现，自行车技术得到了很大的发展，自行车运动已经成为大众周末消遣的方式。从伦敦骑自行车来的人最喜欢去的地方是船锚酒吧，这是位于里普利的一家酒吧，至今仍在营业。里普利是萨里郡的一个村庄，位于通往朴次茅斯的路上，在伦敦西南方向22英里处。《骑行》游戏的名字直接使用了这种既方便又能欣赏美景的运动的名字，胜利格描绘的是船锚酒吧。玩家必须用一个骰子掷出1、3或6点才能启动并"给轮胎打气"；之后便开始使用两个骰子。这个游戏虽然并非明显来自《赛鹅图》，但与《赛鹅图》相似，

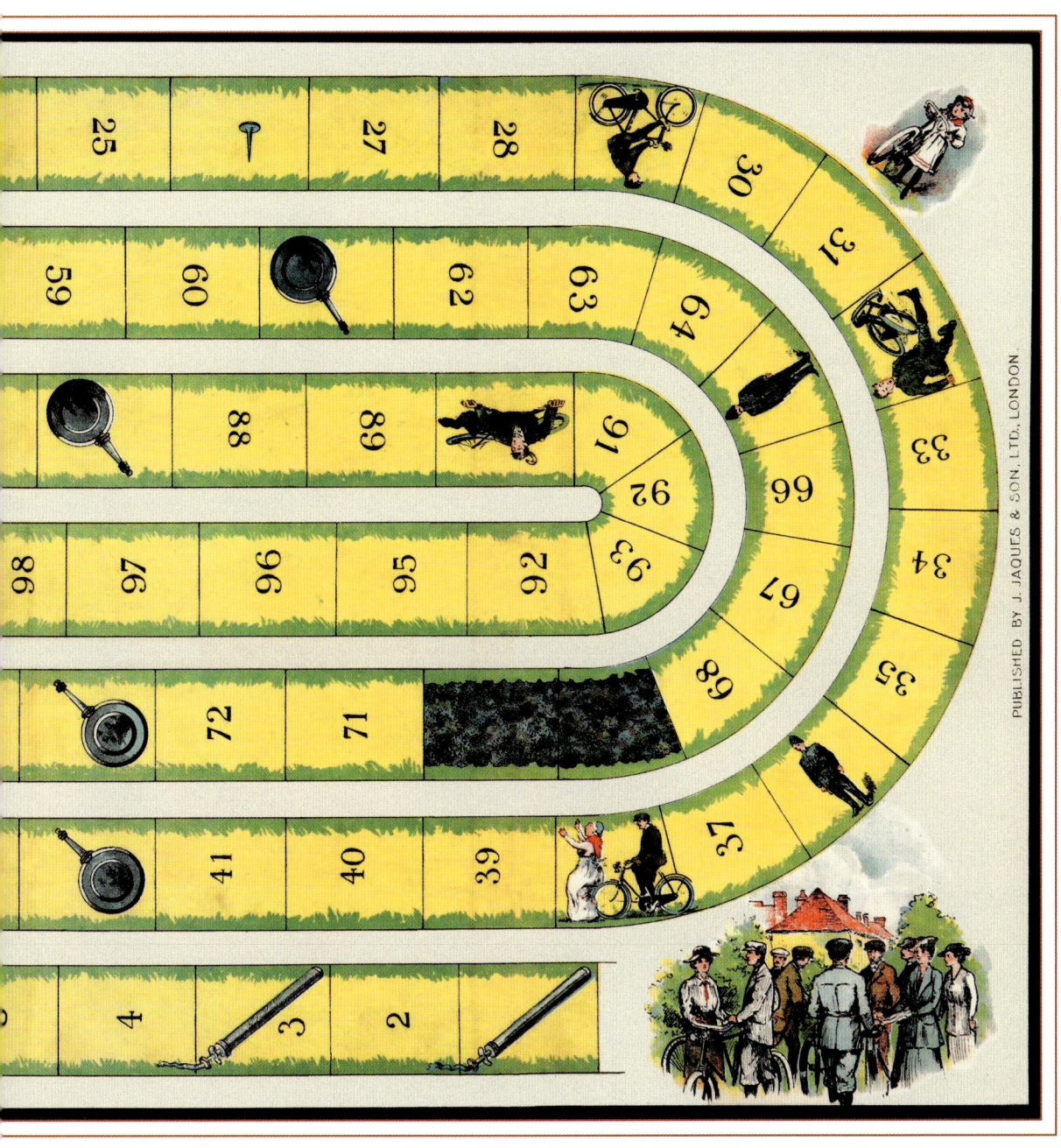

都有一系列有规律的奖励格。例如，在有加油壶的格子，玩家可以再移动 5 步。在赛道靠前部分的格子，玩家有权获得一张"门票"（游戏中提供的印刷卡片），用以购买一个铃铛或哨子，一套充气装备，或一盏灯。"门票"使玩家能够避免在以后的危险格中受到处罚，例如第 26 格中尖锐的大头针。在这一格中，玩家除非有充气装备，否则必须回到第 10 格，以获得一份这个装备。但有一个危险格是决定性的，即第 90 格，玩家摔坏了自己的交通工具，不得不退出游戏。

《冰上游戏》

巴黎：萨乌新公司

On the Ice. Paris: Saussine

约 1900 年

和前一款游戏一样，《冰上游戏》是一款由萨乌新公司制作的精美的彩色平版印刷游戏。该公司是法国主要的游戏制造商之一，于1860年成立，1960年倒闭。他们的游戏通常都是原创游戏（创始人里昂·萨乌新拥有多项专利），而且总是引人入胜。除了迎合法国市场，他们还瞄准了国际客户，经常在游戏说明书上同时印上法语和英语，尽量避免在游戏棋盘上写字。这款游戏几乎不需要游戏说明，因为游戏本身很简单。平底雪橇的平行赛道代替了梯子，根据玩雪橇的孩子们所指示的方向向上或向下。为了换换花样，偶尔也会有雪球滚向雪人。就像这款游戏所模仿的英国游戏《蛇和梯子》一样，这里也有包含100格来回蜿蜒的矩形赛道。然而，这些起起伏伏和之前的游戏并不一样。特别是，在游戏快结束的时候，并没有任何格子会让玩家大幅度后退，如果有这种设置的话，或许会给游戏增加一些额外的趣味，就像《赛鹅图》中的死亡格一样。也许设计者认为这样会破坏布局的平衡。

第八章
讽刺和批判主题游戏
——会伤人的游戏！

这些游戏不是为儿童设计的。法国人特别喜欢以德雷福斯事件（Dreyfus case）等政治阴谋为原型的游戏，其他国家的人也喜欢这种成人游戏。

本章的大部分游戏都来自法国，法国的讽刺和辩论游戏有着悠久的传统。17世纪末时，出现了一种讽刺法律制度的复杂性和曲折性的游戏。这种游戏的讽刺对象是济贫院。在济贫院，由于诉讼费用高昂，以及辩护案件时常被撤销，导致那些倒霉的诉讼人越来越不愿意上诉。为了强调对现实的讽刺，这种游戏和《赛鹅图》不一样，完全没有设置奖励格。

这章从一个记载法国大革命的游戏开始，游戏中有许多对已被推翻的旧政权的讽喻。但之后的游戏却又暗含巩固复辟的波旁王朝的目的。事实上，19世纪法国所有风云变幻的历史阶段的棋盘游戏都带有明显的政治内容。例如，1870年第二帝国瓦解后，法国向第三共和国过渡，这一时期催生了设计精巧的《议会赛鹅图游戏》。这是一种带有明显讽刺意味的游戏，甚至在新政权正式建立之前，它就在嘲弄议会的习俗。差不多在同一时间，讽刺杂志《查理瓦里》（Charivari）也发表了有类似的观点的《法律游戏》（The Game of Laws），不过这里的重点是对拿破仑三世统治下的第二帝国进行谴责。

除了法国持续的动乱外，19世纪欧洲其他地方也发生了许多政治变化。统一后的意大利在其早期阶段出现了富有洞察力的游戏《19世纪的意大利》。此游戏也发表在一本讽刺杂志上，但在这款游戏中，人们除了回顾历史，还有对新意大利的爱国主义和希望，以及对过去那些曾帮助革命事业的知名人物的赞许之情。

在法国的19世纪和20世纪之交，有一场激烈的政治辩论浪潮，导火索便是德雷福斯事件。1894年，年轻的犹太裔炮兵军官阿尔弗雷德·德雷福斯上校（Captain Alfred Dreyfus）因向德国驻巴黎大使馆泄露法国军事机密而被判叛国罪。在法属圭亚那的恶魔岛被囚禁了将近5年之后，他才被发现是含冤入狱。这场丑闻在法国引发了政治上的分歧，在这种气氛下，1898年出版了一款名为《德雷福斯事件与真相》的游戏。这款游戏制造了高度紧张的气氛，对当局的不公正和虚伪表示蔑视。

另一款令人高度紧张的游戏引起了公众对"亨伯特事件"的关注，这是有史以来最伟大的骗局之一。特蕾莎·亨伯特是一个来自朗格多克的农村女孩，她的经历可谓离奇。她声称，在1879年，她帮助了一位在火车上生病的美国富人，作为回报，他答应给她一笔丰厚的遗产。就凭这一点，她借了一大笔钱，在巴黎过了近二十年的奢侈生活。《拉格兰德·特蕾莎的兔子游戏》不仅记载了她的人生起伏，也嘲笑那些被她轻易骗过的人，要知道，其中几个人可都是身居高位的官员。

当时的英国也有政治动荡，但焦点集中在妇女投票权运动上。《潘克和斯奎斯》游戏是英国政治棋盘游戏中罕见的种族类型游戏。游戏以女权运动所采用的颜色——紫色和绿色为背景，记录了女权主义者在激进但并未成功的运动中所面临的艰苦斗争。直到第一次世界大战以后，英国妇女才有了选举权。

《法国大革命游戏》

巴黎：发行人不详

Game of the French Revolution.

Paris: publisher unknown

1790 年

　　这个游戏提升了法国大革命的理想和成就。每一格都有图解，展现了革命最初几个月的历史，从攻占巴士底狱（1789 年 7 月 14 日）开始，到赢得第 63 格结束——在自由神像下举行国民大会。和《赛鹅图》类似的奖励格庆祝的是法院的废除。这些法庭成立于中世纪，曾抵制改革，比如要求贵族缴纳更多税款的改革。这些反动和特权的堡垒很快都被革命废除了。在游戏中，设计者用穿着律师服装的鹅来讽刺他们，在规则中还将他们描述为傻子。游戏对危险格也进行了讽刺性的改造。例如，第 42 格的迷宫显示了巴黎的小沙特雷——这是一个重要的法院，暗示在那里很难找到正义。第 58 格显示了德·劳奈、富伦、贝蒂埃等人的死亡。德·劳奈侯爵是巴士底狱的总督，在攻占巴士底狱后被暴民私刑处死。1789 年，富伦被任命为财政大臣，却遭人憎恨：他试图逃离巴黎，但被群众抓住，连同他的女婿贝蒂埃一起被斩首。如游戏中所展示的那样，他的头被挂在长矛上游街示人，嘴里塞满了干草。这是因为，他曾不明智地说，如果人们饿了，就应该吃干草。

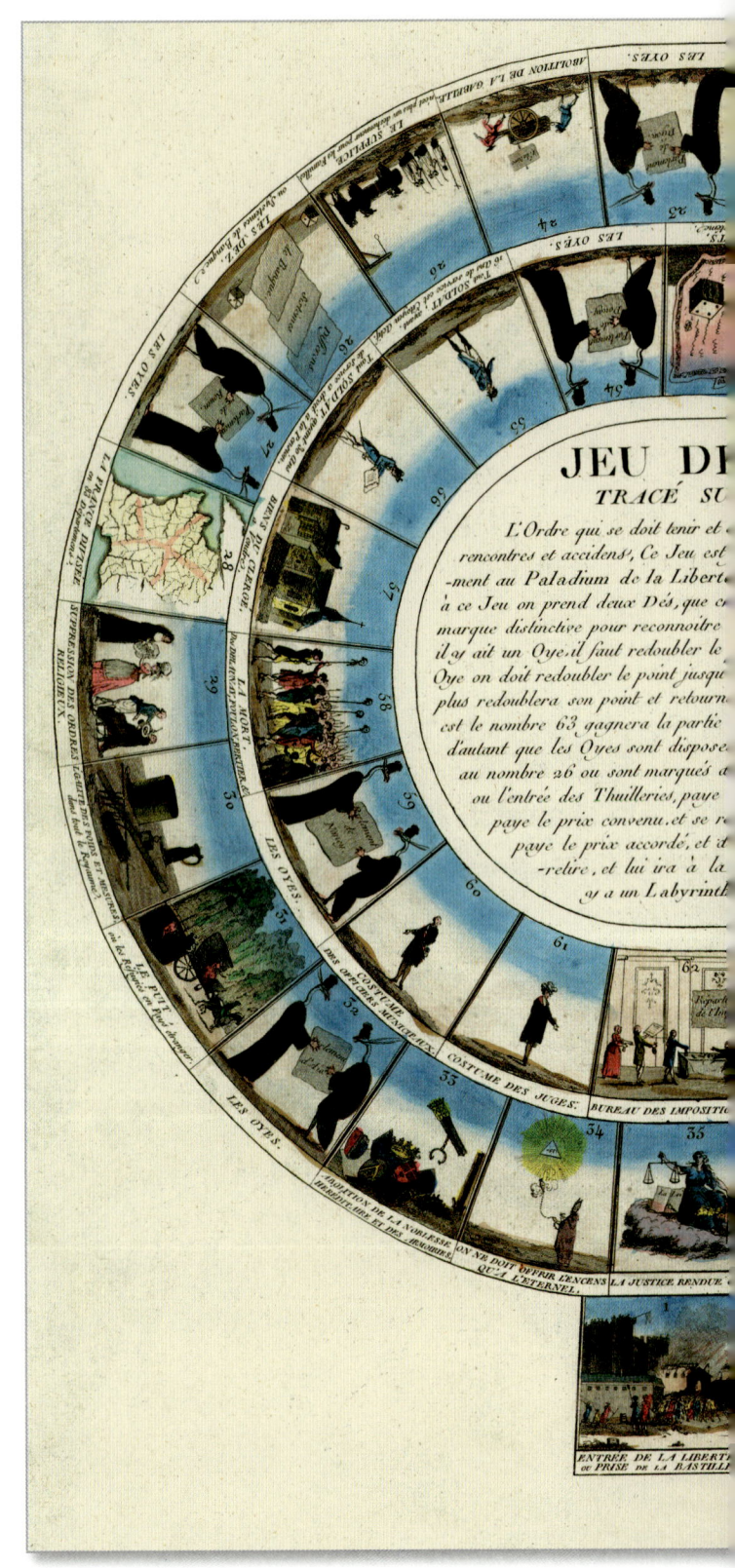

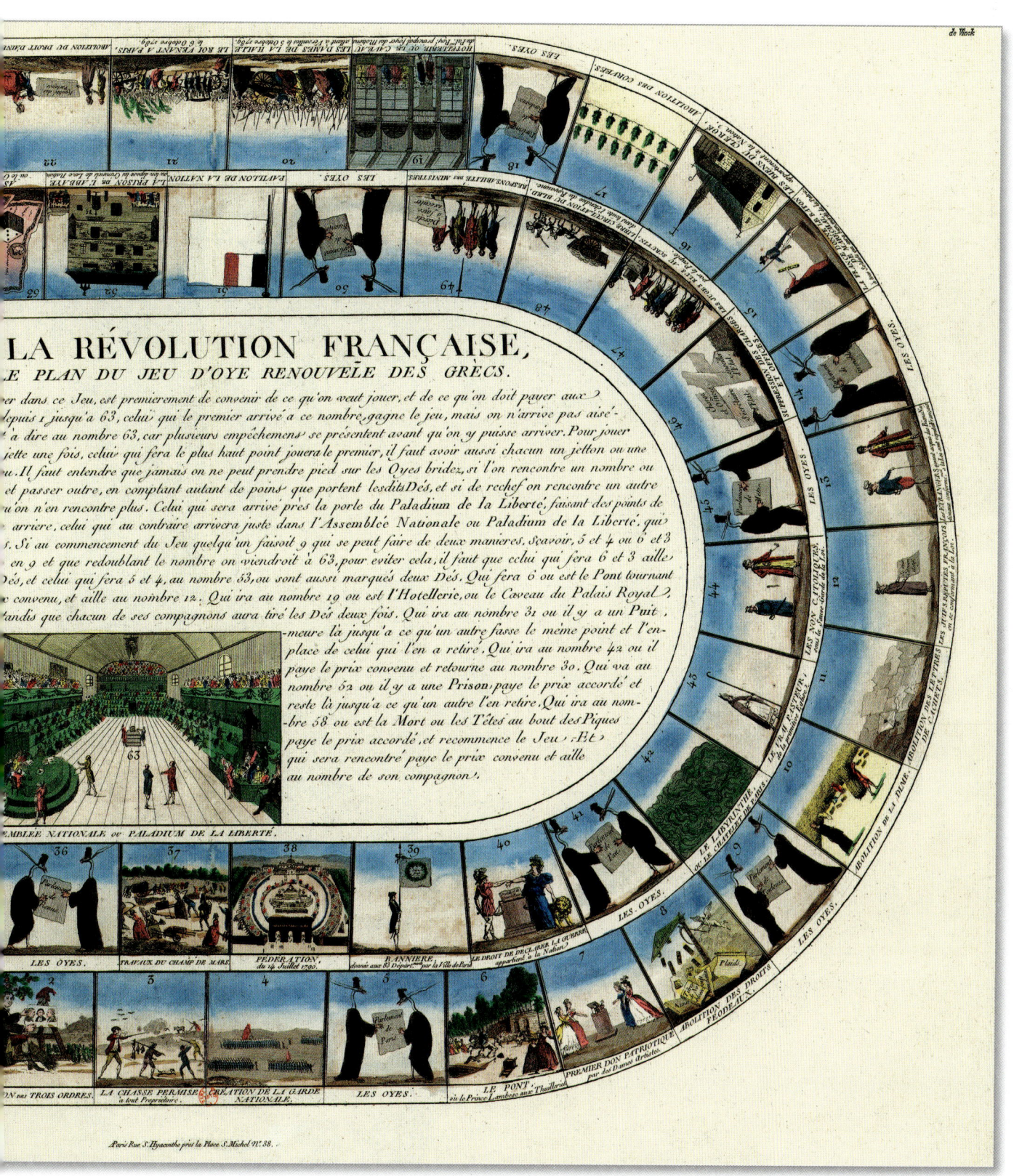

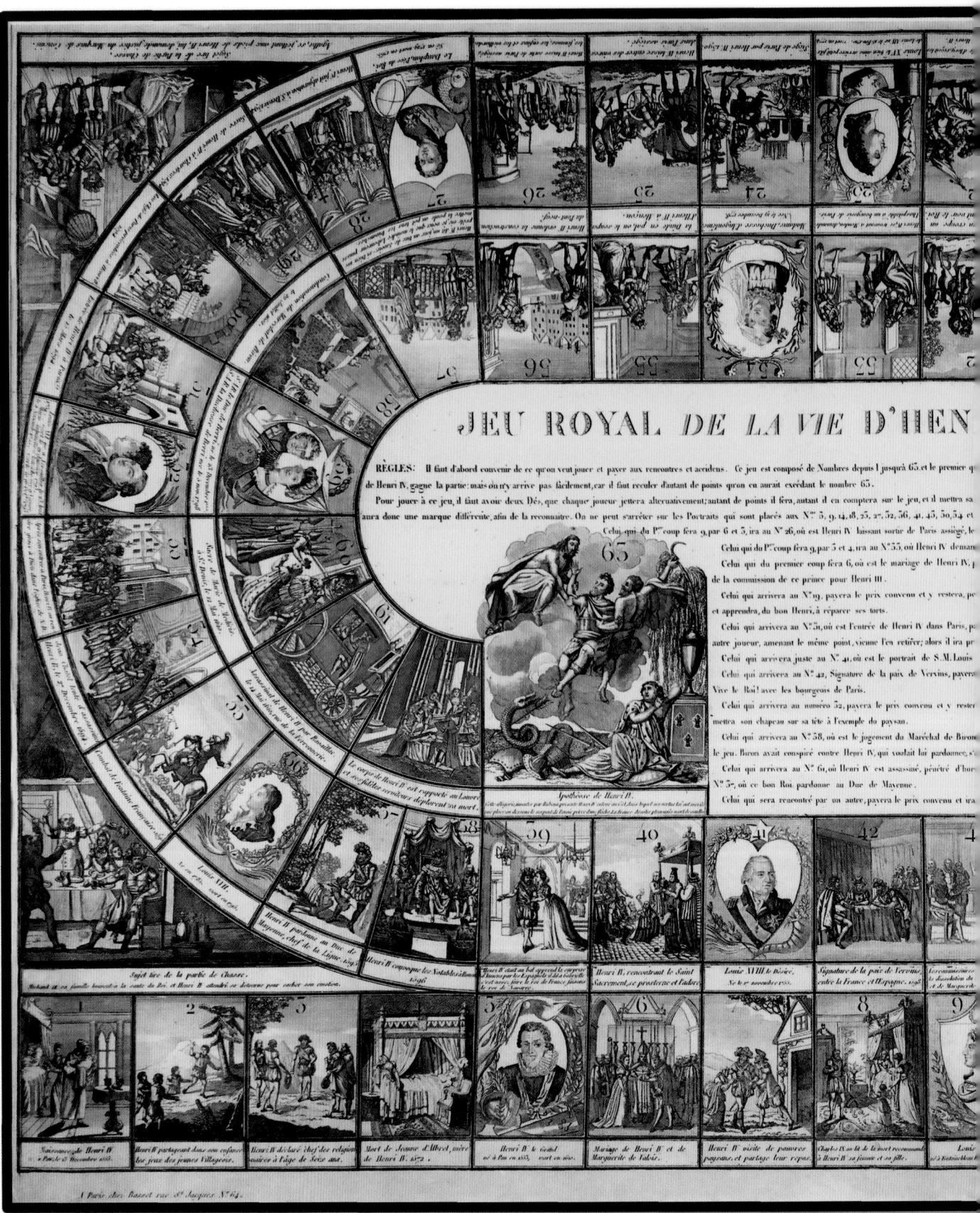

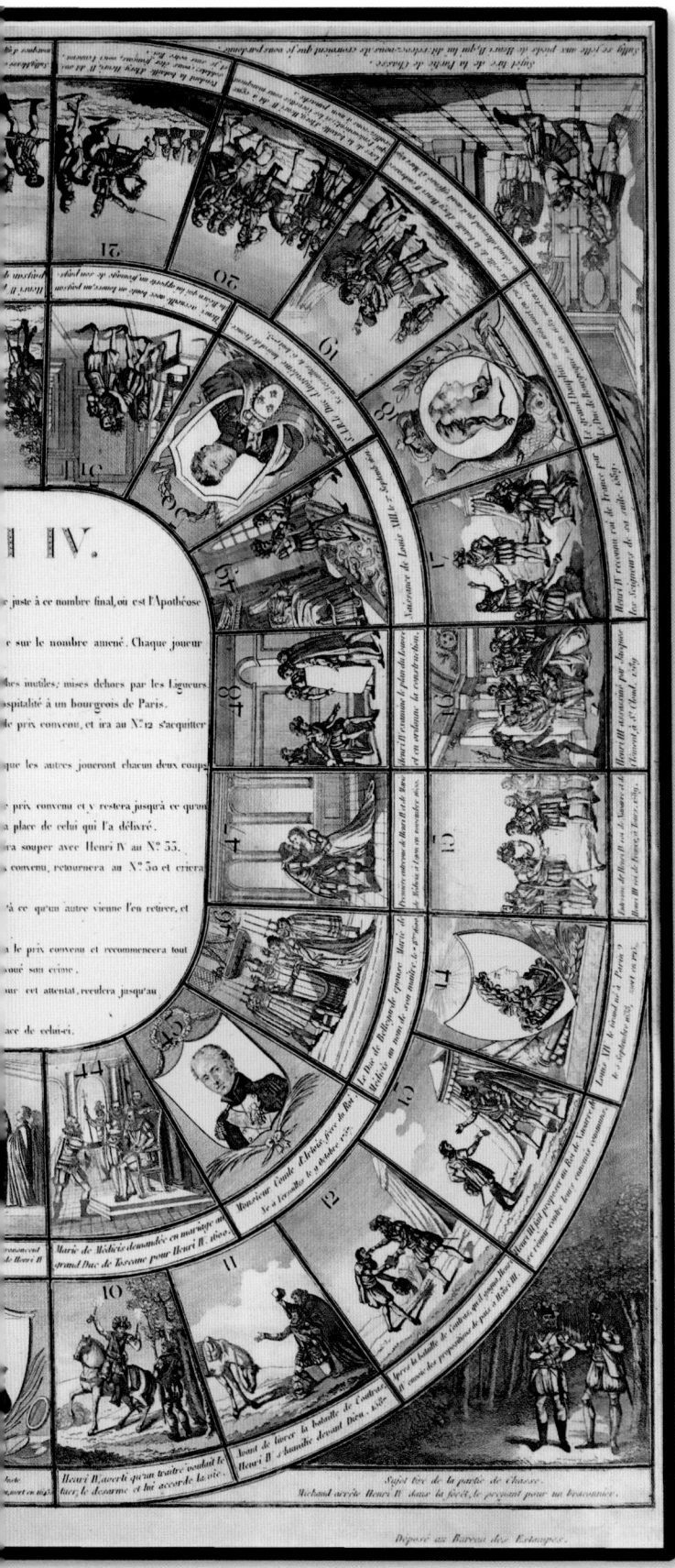

《亨利四世一生的皇家游戏》

巴黎：巴塞特

Royal Game of the Life of Henri IV.

Paris: Basset

1815 年

乍一看，《亨利四世一生的皇家游戏》是一个简单的历史游戏，记录了这位受人爱戴的君主的生活，据说他曾许诺"人人有鸡吃"。游戏展示了亨利的生活场景，从他 1553 年出生到他被暗杀（第 61 格）。正如鲁本斯所画，他在第 63 格升上了天堂。事实上，这是一个带有微妙政治信息的游戏，其目的是庆祝波旁王朝的复辟，这场复辟使得路易十八在拿破仑倒台后登上了法国的王位。这款游戏基本上是经典的《赛鹅图》，所有的奖励格描绘的都是新王室成员。游戏想传达的信息是，亨利的好名声将在某种程度上使王朝复辟神圣化。第 41 格描绘了路易十八本人，这一格有一条特别的规则——在第 55 格"与亨利四世共进晚餐"，这一格画着亨利坐在一个大壁炉前，晚餐是烤火鸡。有一个有意思的故事（有可能是传说）是这样说的：亨利在伊夫里战役[1]之前，隐姓埋名来到阿朗松（Alençon）的一个军官家里，军官的妻子没有认出他来。由于没有东西给他做晚饭，她从邻居那里买了一只火鸡，邻居也与他们共进晚餐。这位邻居是本地的智者，亨利和他交谈甚欢，竟授予他一个爵位——发给他一枚徽章，上面画着一只用叉子叉着的火鸡。

1　伊夫里战役，发生于 1590 年，是法国宗教战争期间的战役之一。

《议会赛鹅图》

巴黎：范克腾伯根

Parliamentary Game of the Goose.
Paris: Vancortenberghen

1871 年

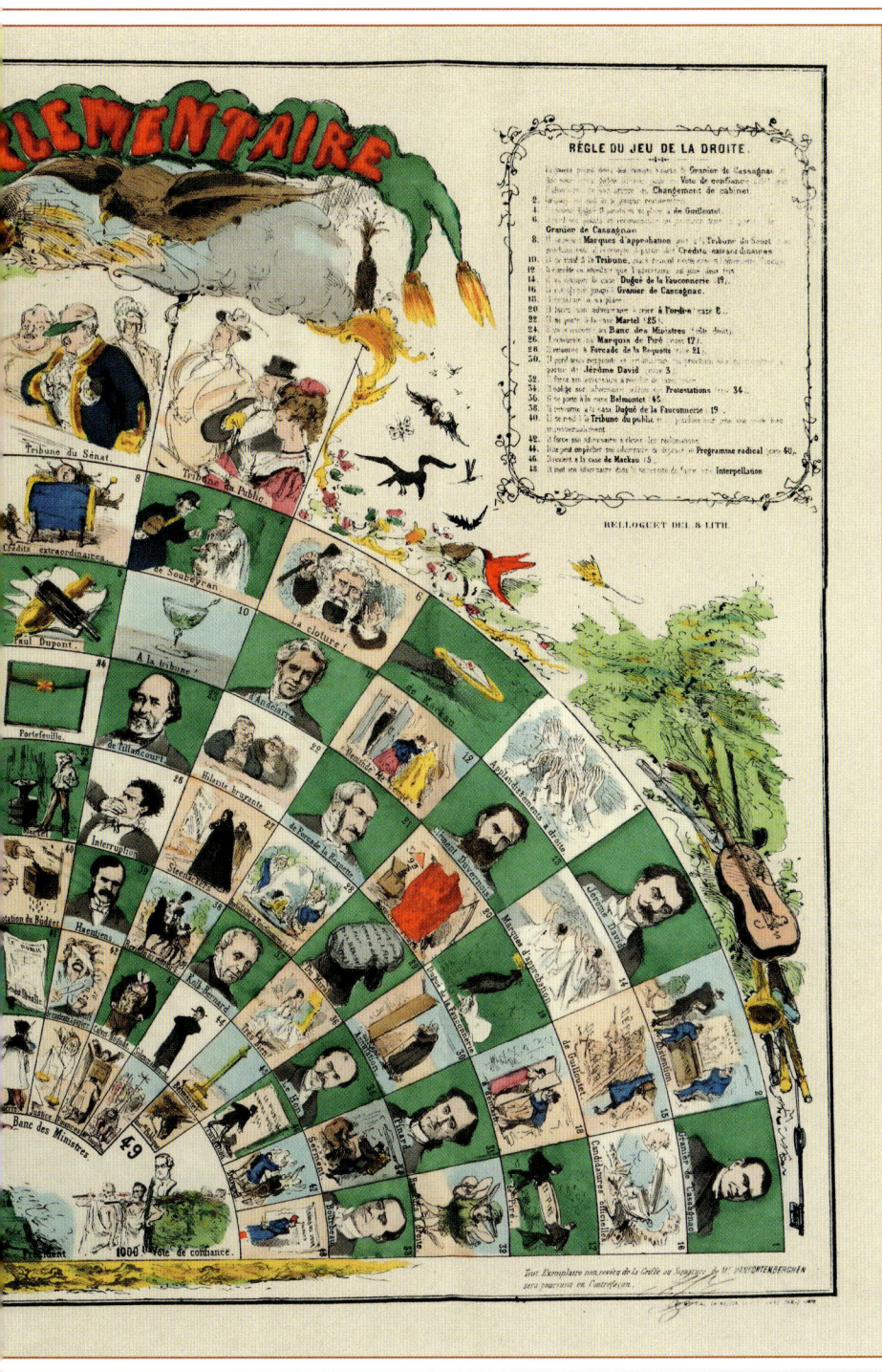

《议会赛鹅图》采用了大开本,制作精良,描绘了当时法国重要政治家的肖像,并配以讽刺插图。这款游戏非常独特,左半部分与右半部分的中间是一道凹槽:两边各有50格的赛道,左边一方要抢在右边一方之前到达自己的胜利格"更换政府",右边的胜利格是"信任投票"。游戏代表法国立法议会,采取半圆形的形式,分为两部分,就像议院一样。在中心是一个平台,用来为演讲者提供一杯传统的糖水,在平台下面是总统的座位,还有一个小铃铛用来控制辩论。议会似乎是一场喧闹的活动,有窃窃私语、口哨声、抗议、喧闹的笑声和各种各样的干扰。对于双方来说,规则是不同的,也是不完整的,或者至少很难用游戏术语来解释,这表明这张纸更多的是为了讽刺和娱乐,而不是作为游戏来玩。

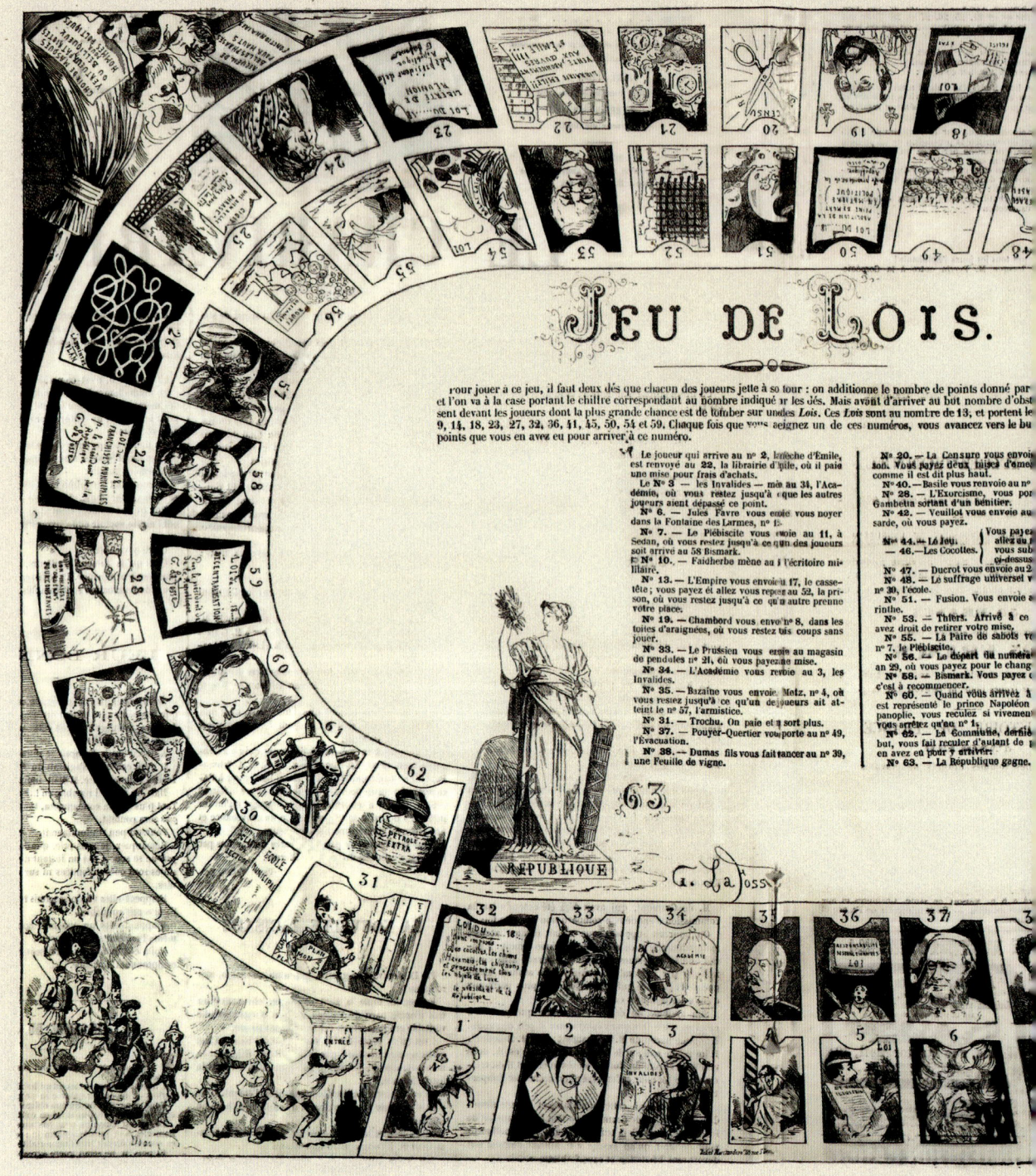

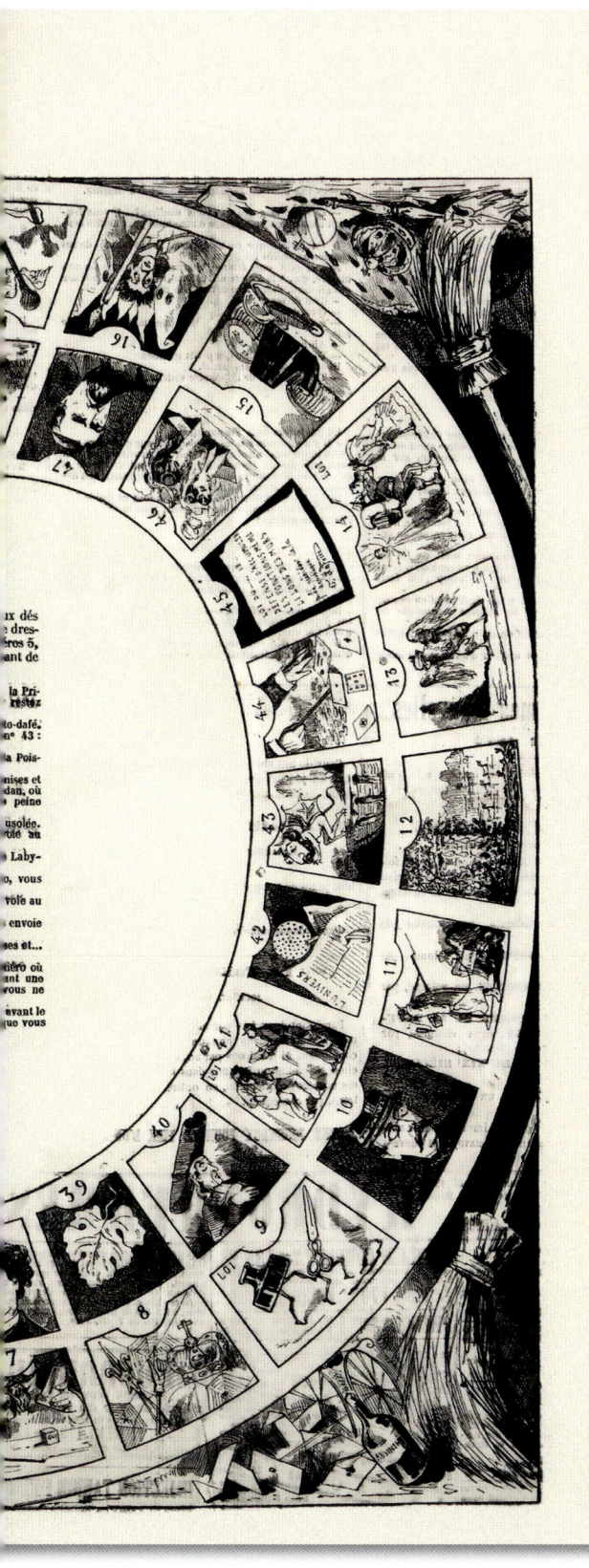

《法律的游戏》

巴黎：喧闹的庆祝

Game of Laws. Paris: Charivari

1872 年

《法律的游戏》是对法兰西第二帝国的讽刺。从左上角的图片可见一斑，里面画着可供政客们选择的面具，用来隐藏他们的真实本性，还有一本"高官雅言"的常用语手册，但这些都被一把大扫帚扫走了。新一届政府要通过的各种法律都体现在鹅的格子上。游戏还体现了对1871年起担任德意志帝国总理的奥托·冯·俾斯麦的仇恨。俾斯麦是1870年普法战争的关键人物，法国在这场战争中惨败。法国人对他的报复是将他设计在死亡格。但前皇帝拿破仑三世的情况也好不到哪里去——他的形象出现在第60格上，穿着精美的制服。游戏规则说，如果玩家来到这里，则"必须退回至第1格"。巴黎工人和国民警卫队在1871年3月举行起义时成立的激进左翼政府公社也遭到了谴责——它的象征是第62格里一个装满汽油的容器，代表路障上的汽油弹。只有共和国是正面的含义，设计者将它放在了胜利格。

153

《19世纪的意大利》

米兰：《政治报》

Italy in the 19th Century.

Milan: La Cicala Politica

1861年

1861年2月25日，米兰的讽刺杂志《政治报》上刊登了爱国版的《赛鹅图》。这标志着意大利统一的一个重要阶段。《19世纪的意大利或最新版的赛鹅图》是游戏的全称，里面突出了那些在政治变革中扮演了重要角色的人物。这些"著名的意大利人"就像有鹅的格子，可以点数加倍。这里有贾科莫·莱奥帕尔迪[1]和乌戈·福斯科洛[2]等作家；拿破仑·波拿巴和古列尔莫·佩佩将军；民族主义兄弟阿提利奥和埃米利奥·班迪埃拉[3]，他们在1844年的殉难为随后的起义提供了道义上的指引。这里也有意大利国王维托里奥·埃马努埃莱二世[4]和首相加富尔伯爵[5]等重要人物，但马志尼[6]却不见踪影。赛道上的格由重要的图像分隔开——例如，第52格和第53格之间有一只教皇的拖鞋，上面写着"同意"（concordato）。监狱格以"斯皮尔伯格城堡"为代表，许多烧炭党人（革命者）曾在这里被匈牙利政权囚禁。相当于死亡格的是第46格"外交"——玩家需要重新开始。在胜利格，加里波第[7]和维克托·伊曼纽尔站在一起，向一面写着"意大利人的意大利"的国旗致敬。

---

1 贾科莫·莱奥帕尔迪，意大利诗人、散文家。
2 乌戈·福斯科洛，意大利小说家、诗人、文艺评论家及革命家。
3 阿提利奥和埃米利奥·班迪埃拉，意大利青年党党员，曾领导班迪耶拉远征。
4 维托里奥·埃马努埃莱二世（1820—1878），意大利统一后的首任国王，被称为"祖国之父"。
5 加富尔伯爵（Camillo Benso di Cavour），意大利王国第一任首相。
6 朱塞佩·马志尼，意大利革命家，民族解放运动领袖。
7 加里波第，意大利"建国三杰"之一。

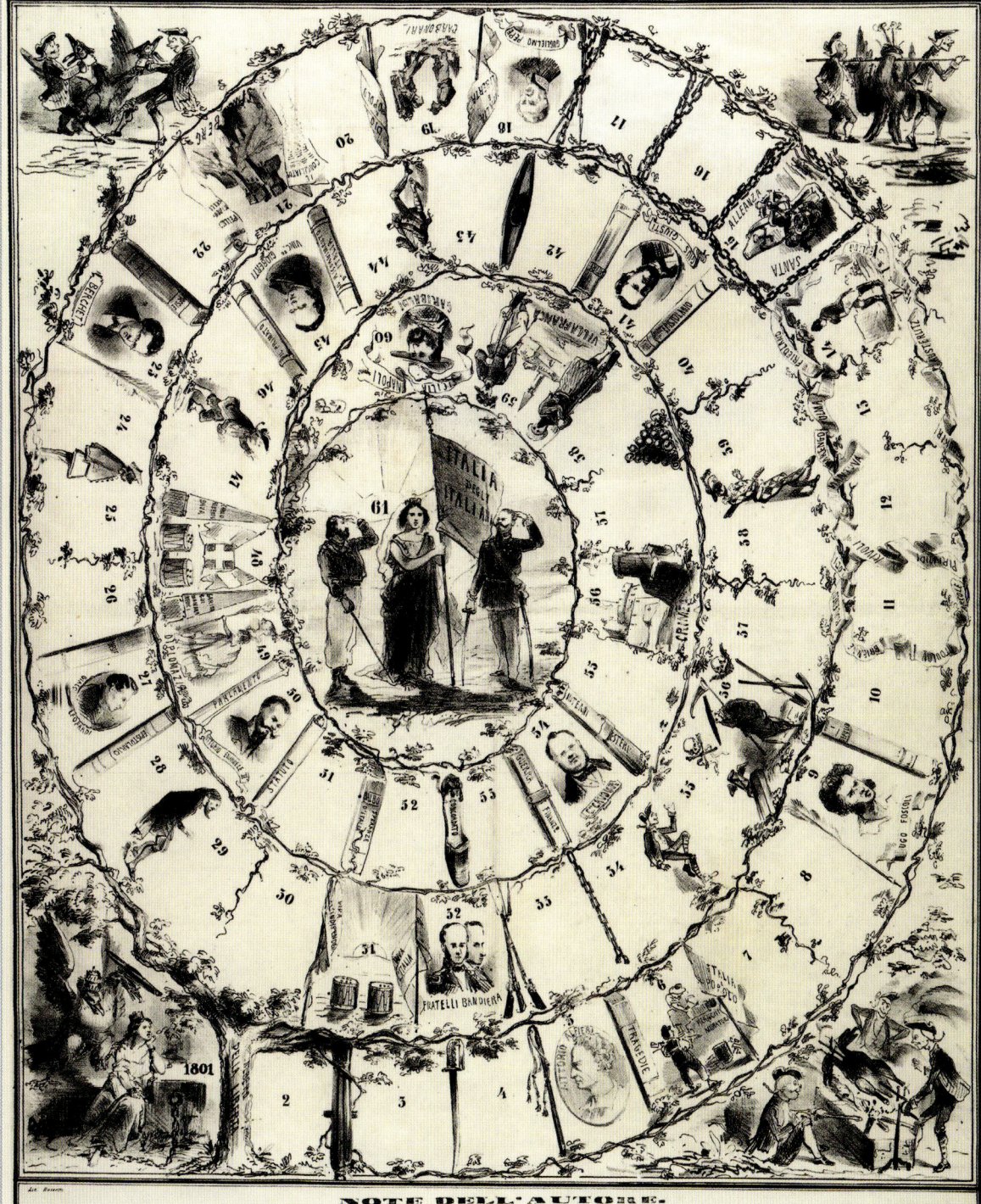

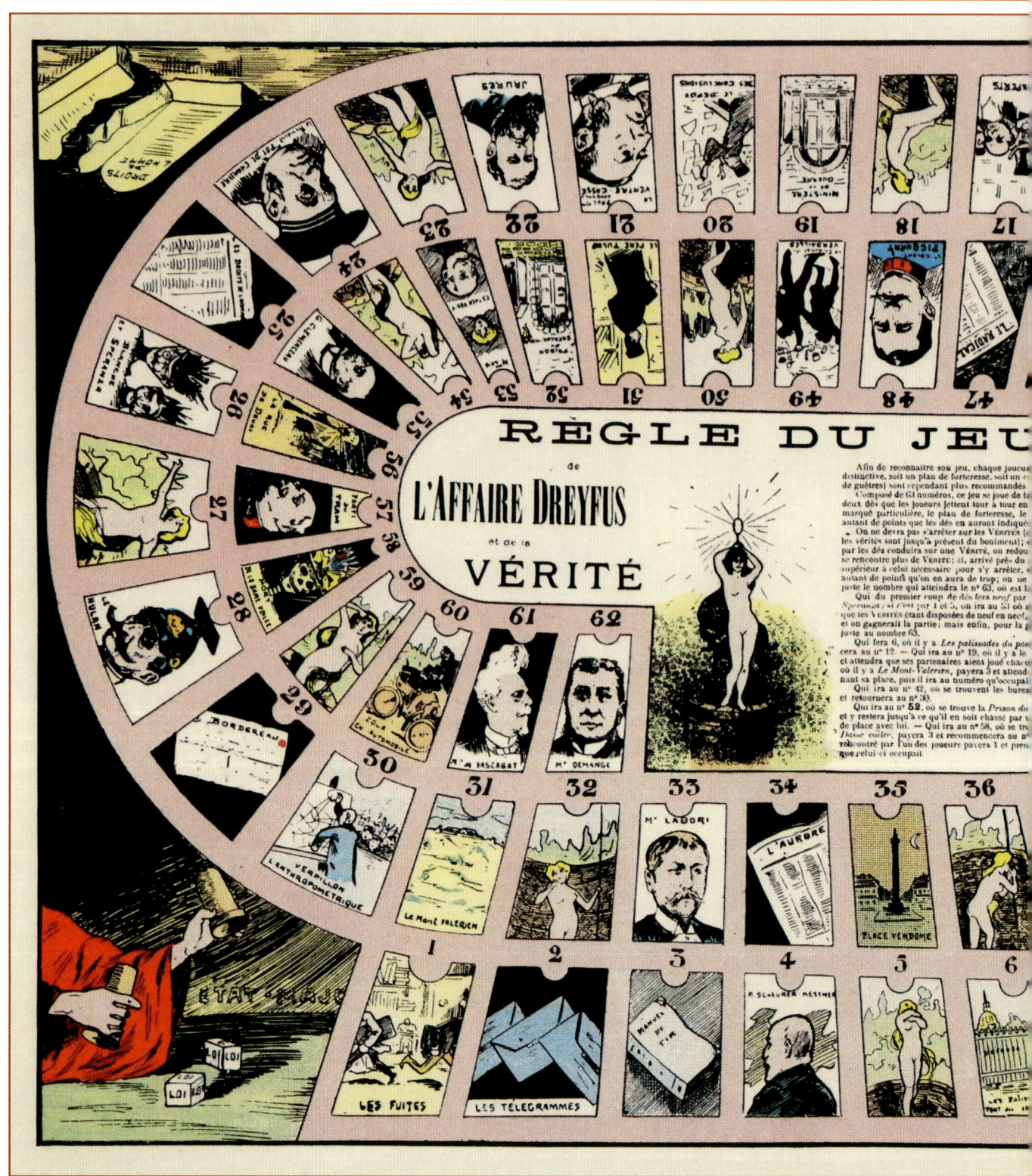

《德雷福斯事件与真相》

巴黎:《震旦报》

The Dreyfus Affair and the Truth. Paris: L'Aurore

1898 年

　　《德雷福斯事件与真相》是1898年法国《震旦报》发表的一款游戏,它突出了德雷福斯事件的不公正。这款游戏是经典游戏《赛鹅图》的变体,用"真相"代替了"鹅"。游戏目标是到达第63格,展示"赤裸裸的真相"。第24格和第21格是对审判过德雷福斯的最高法院院长和检察长的讽刺漫画。第52格显示了1894年德雷福斯被关押在巴黎的切尔切-米迪(Cherche-Midi)的军事监狱。第31格显示的是瓦莱连山监狱,1898年陆军情报处的中校休伯特-约瑟夫·亨利因伪造针对德雷福斯的证据而被捕入狱。他用剃刀割喉自杀,把秘密带进了坟墓。真正的叛徒最终被证实是一个叫费迪南德·埃斯特哈齐(Ferdinand Esterhazy)的少校。他谎称一位神秘的"蒙着面纱的女士"给了他一张证明德雷福斯有罪的文件的照片。第58格是死亡格,显示了蒙着面纱的女士的"死亡",这完全是真正的叛国者埃斯特哈齐虚构的人物。棋盘的漫画风格极大地丰富了讽刺的作用——例如,第42格画的是美国陆军总参谋部的办公室,两名军官正在激烈地争吵,文件在空中四处乱飞。

《拉·格兰德·特雷塞的兔子游戏》

法国索城（Sceaux）：沙雷尔

Game of the Rabbit of La Grande Thérèse.
Sceaux: Charaire

1901 年

《拉·格兰德·特雷塞的兔子游戏》也受益于卡通风格。这款游戏的插画家是广受欢迎的法国插画家弗尔南多·福，他的漫画展现了特蕾莎·亨伯特的故事和她的庞大骗局。游戏开始时，游戏说明讽刺地说，这个游戏是用两个骰子玩的，没有点数。兔子出现在点数是9的倍数格，和有鹅的格子功能相同：虽然游戏说明中没有这样写，但那个时期的法国有一个俚语——如果一个人买东西非常不划算，就说他"买到了兔子"。这种说法来源于一个古老的故事：一个男人拿一只猫向一个外国人换一只兔子。不过，在游戏中兔子的颜色发生了惊人的变化：在第32格，兔子因为梦到黄金而变成了黄色，并大量繁殖。第58格的死亡格展示了一只被法官帽扣住的兔子，这与特蕾莎最终被法庭定罪有关，当时她被判处5年监禁和劳役。最后一格63格展示了色彩各异的兔子围绕着"金牛犊"雕像跳舞的场景。这座雕像被称为"巴拿马"，与1892年的一起腐败丑闻有关。当时，法国政府官员收受贿赂，以掩盖巴拿马运河公司的财务问题。这个游戏讽刺了那些在骗局中损失钱财、容易轻信和贪婪的人。

《潘克-阿-斯奎斯》

曼彻斯特：妇女社会和政治联盟

Pank-a-Squith.

Manchester: Women's Social and Political Union

约 1909 年

　　《潘克－阿－斯奎斯》这个名字来源于爱德华七世时期英国的两个主要政治对手，妇女参政领袖埃米琳·潘克赫斯特（1858—1928）和赫伯特·阿斯奎斯（1908—1916担任英国首相）。螺旋形的赛道显示了潘克赫斯特女士和她的支持者在建立妇女投票权的激进运动中遇到的障碍。根据内部资料，这款游戏可以追溯到1909年左右。因此，第25格指的是1909年6月29日，妇女社会与政治联盟（WSPU）成员在英国议会大厦外举行的示威活动。此外，第43格指的是同一年发生的给绝食者强制喂食的事情。《潘克－阿－斯奎斯》受一家不知名的德国制造商的委托，为潘克赫斯特领导的妇女社会政治联盟（WSPU）筹集资金。这位设计师显然不太熟悉英语的用法——第20格显示的是位于唐宁街的首相宅邸，但是唐宁这个单词拼错了。也许是由于与德国有关，这款游戏的详细规则在很大程度上与《赛鹅图》相似，只是没有一系列的奖励格。第32格（霍洛韦监狱，许多妇女参政权论者被送到那里）充当死亡格（玩家需要重新开始）。第25格庆祝了6月29日的"勇敢的代表团"，当时潘克赫斯特女士带领8名妇女前往议会向阿斯奎斯先生请愿。当他拒绝接待她们的时候，潘克赫斯特女士打了一名警官。在议会外，数百名妇女与警察发生冲突，并开始砸碎窗户。随后，107名女性和8名男性被捕。

第九章
广告和促销主题游戏
——暗含广告的游戏

在19世纪末，彩色印刷已经非常普及，便宜到让免费的广告游戏变得经济划算。荷兰人可能是第一个在广告中宣传巧克力饮料的国家，但法国人很快就效仿了。

促销游戏最早的例子可能是1867年巴黎世界博览会期间某些法国报纸和杂志制作的"传单"，这引起了人们对这一盛会的兴趣。广告游戏正式出现在19世纪80年代。当然，最早的广告游戏可能是推广荷兰公司梵豪登（Van Houten）的巧克力饮料，这个广告巧妙地改编自游戏《有轨电车游戏》。为了将游戏改编成促销游戏，他们只需要将宣传口号添加到现有的印刷品上即可，这样就省下了新的设计费用。此举当时一定大获成功，因为不久该公司就全面开启了广告宣传活动，使用专门设计的全彩色纸质棋盘，有荷兰语和法语两种版本，目标指向广阔的欧洲市场。

到1889年巴黎博览会的时候，以《赛鹅图》为基础的广告已经达到相当复杂的程度。因此，当法国的朱莫（Jumeau）公司选择这种方法来推销他们的高档娃娃时，他们小心地强调他们的产品比德国进口的便宜娃娃要好得多。他们的纸质棋盘以新建成的埃菲尔铁塔为特色，令人印象深刻，而且免费赠送，"纸质棋盘放在纸板上，作为展览的纪念品"。

同年，在法国大选前夕，巴黎《费加罗报》（*Le Figaro*）发表了一篇精彩的政治文章，长达4页，内容涉及所有参加选举的党派：共和党人、君主主义者、拿破仑党（本章中有展示）和支持乔治·欧内斯特·让－玛丽·布朗格（1837—1891）将军的博朗主义者。1889年1月，布朗格在工人阶级中的声望达到了顶峰，当时他甚至可能领导一场政变。但是布朗格拖延了，他的劲敌利用了这个拖延。他的政治活动受到调查，法国政府对他发出了逮捕令。在执行之前，布朗格逃到了布鲁塞尔，然后又逃到了伦敦。布朗格在逃跑后，支持率下降，他的政党输掉了选举。1891年，他来到布鲁塞尔的一个公墓，在他心爱的情妇的坟墓边开枪自杀。

随着广告主题游戏越来越普遍，设计师们开始增加产品的信息量。一个特别成功的例子是《拉古龙煤气罩》游戏，它宣传了一种技术，虽然这种技术在现在已经几乎被遗忘，但在19世纪末却对改善家庭和街道照明起到了重要的作用。

其他设计师将产品有趣地融入规则中，比如在《铁金鸡纳》游戏中，许多投掷骰子的结果都是建议玩家喝一杯曾经在意大利非常流行的药用滋补餐后酒，这是一种由铁化合物和金鸡纳属类植物的树皮提取物制成的酒，会产生奎宁和其他药用生物碱。

1906年，巴黎老佛爷百货公司发行了一款广告游戏。当时，人们对航空飞行这一新事物的热情普遍很高，于是这家公司提供了一种游戏，让飞机从商店的屋顶起飞，飞过巴黎的纪念碑，然后开始世界旅行。随后，飞机从地球快速飞向外行星和太阳，然后安全返回，并降落在同一屋顶上。

在《卡里隆·德弗兰德雷斯游戏》游戏中，菊苣被用作咖啡的替代品。游戏的赛道上装饰着动物、鸟类的图片和假面喜剧[1]中的有趣人物，主要是为了吸引孩子们的目光。但本章最后一个例子对孩子们有更直接的吸引力，那就是《海狸鼠小矮人》，饼干是童话故事的关键。这个游戏把我们带到了20世纪，展示了游戏是如何为复杂的营销技术做贡献的。

---

1 假面喜剧，16-17世纪从意大利起源的一种喜剧形式。

《巴黎展览会游戏》

巴黎：《巴黎生活》

Game of the

Paris Exhibition.

Paris: La Vie Parisienne

1867 年

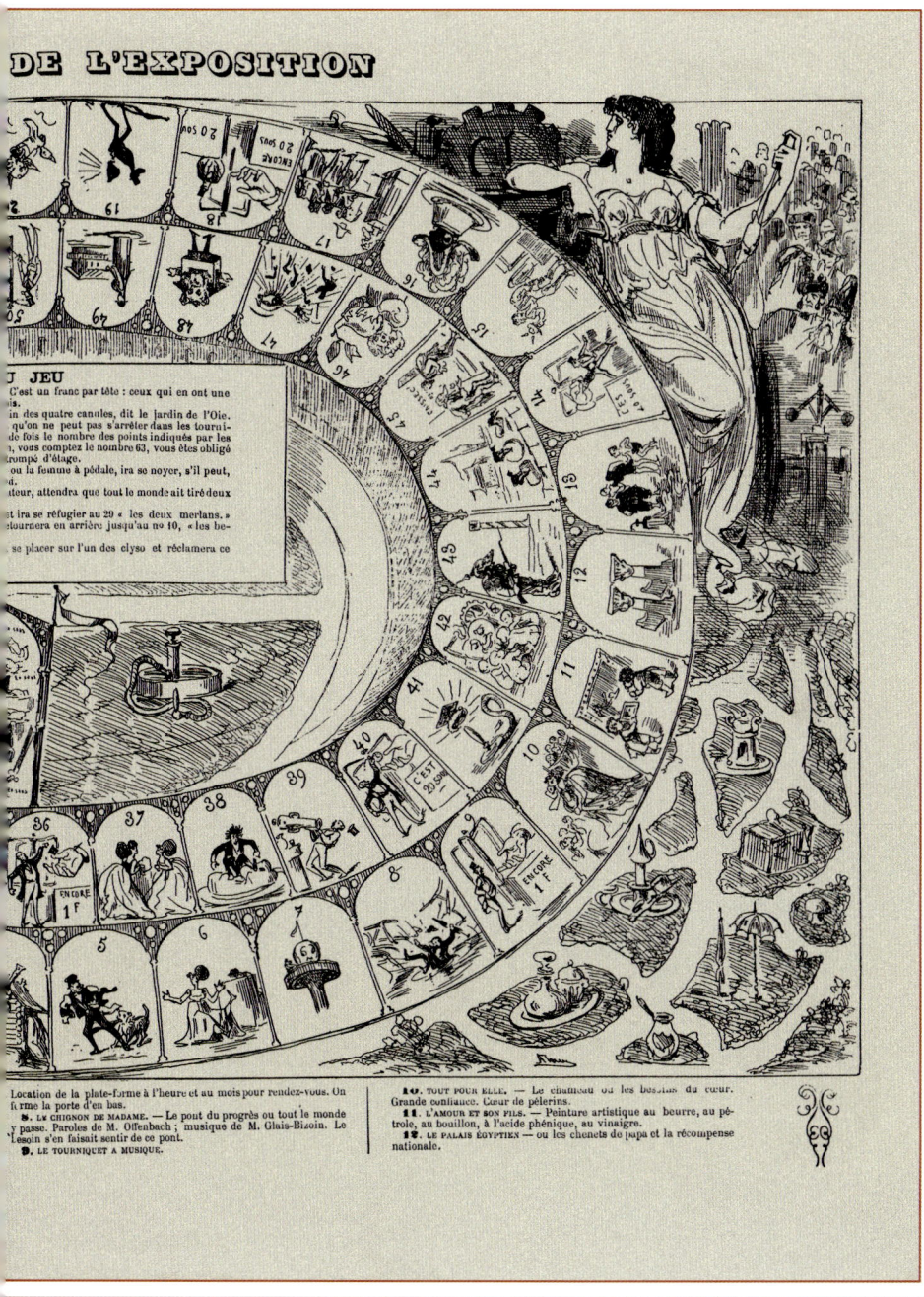

1867年，奉拿破仑三世之命，巴黎举办了世界艺术工业博览会。其目的是超越1862年的伦敦国际展览会，那次展览会不像1851年万国博览会那样成功。选定的地点是法国最大的阅兵场战神广场，这里矗立着两端为圆角的长方形主楼，长度接近500米。整座建筑物由几个形状相同的同心椭圆组成。人们很快就认识到，这个奇怪的形象就像法国传统的《赛鹅图》。因此，一些巴黎的出版物将《赛鹅图》作为展览本身的代表也就不足为奇了。这里展示的版本来自《巴黎生活》杂志，附带了一些关于展览的文章，但并不完全是赞美之词。其中一篇文章抱怨还要收入场费，在游戏中，这反映在游戏的第一条规则讽刺地说初始筹码是1法郎：如果玩家能付得更多，那就更好了；如果玩家没那么多钱，那太糟糕了！游戏的第1格显示了一只巨大的手正想从游客那里收费。

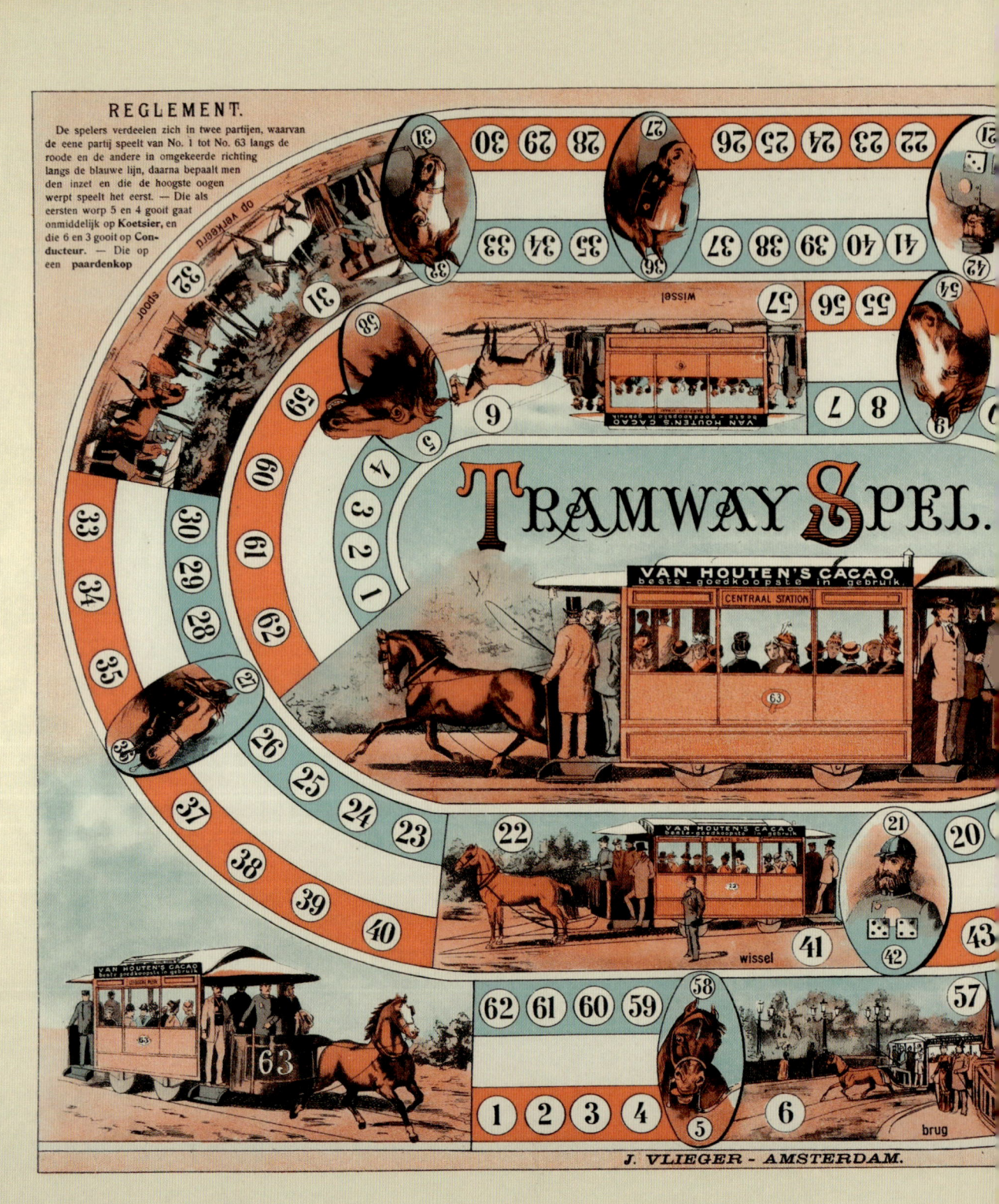

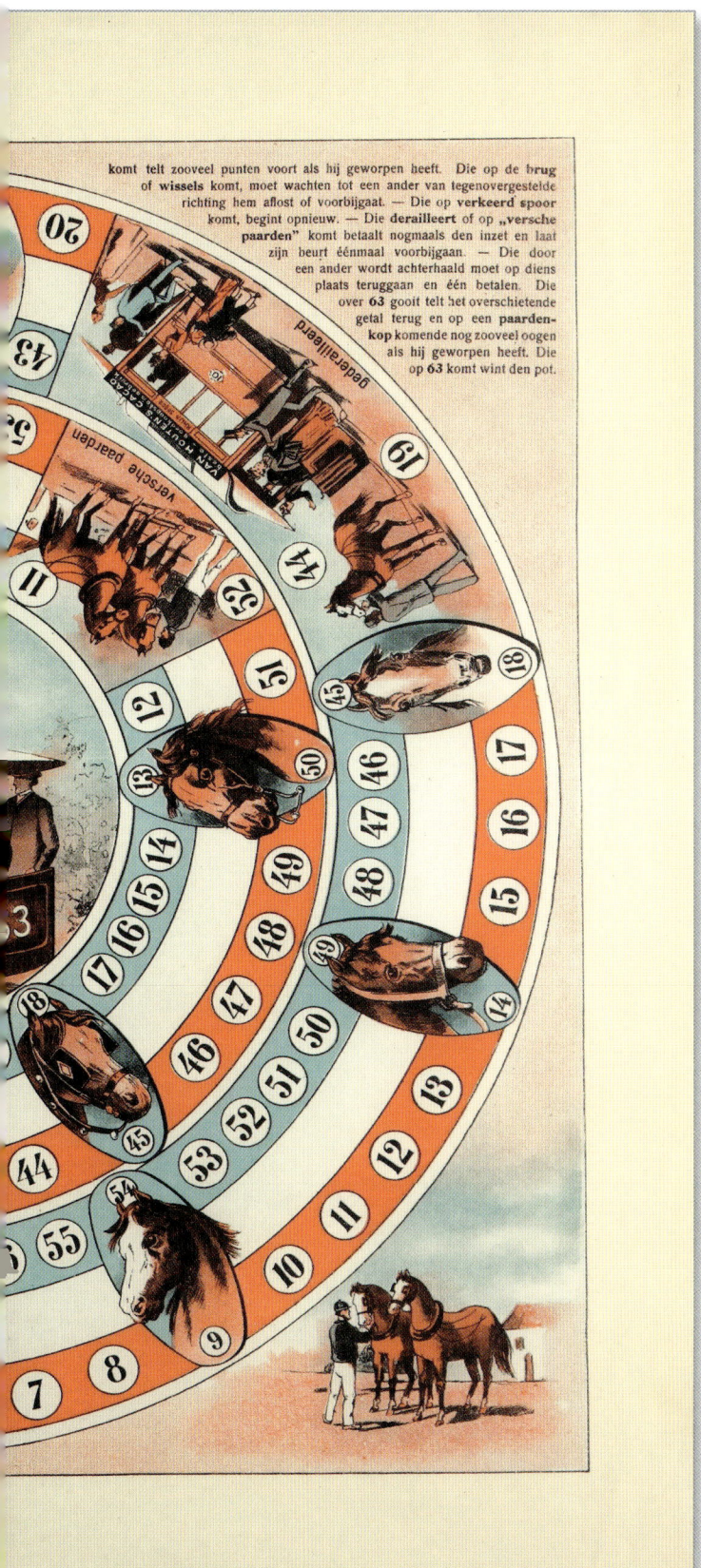

《电车游戏》

阿姆斯特丹：风筝（Vlieger）牌

Game of the Tramway. Amsterdam: Vlieger

约 1885 年

约1855年，《电车游戏》第一次出现在法国，这款游戏当时非常流行，在许多国家都有不同的版本。荷兰版的与众不同之处在于电车上的招牌是"梵豪登可可"，上面的广告语是"最好最实惠"，取代了早期版本的目的地木牌。这是一个双赛道的《赛鹅图》，在两个对立的玩家队伍间展开。在这张图中，"红"队在一条赛道上，"蓝"队在另一条赛道上。类似游戏的奖励格由马头来表示。经典的危险格被重新解释为在赛道上发生的问题。这款游戏的死亡格是"错误赛道"，两辆电车在红赛道第32格和蓝赛道第31格迎面相撞。红赛道第6格、蓝赛道第57格的"桥"和红赛道第41格、蓝赛道第22格的"十字路口"是传统游戏中的监狱格和危险格，在那里玩家必须等待对方接替才能释放。在单轨大桥或十字路口等待是我们在现实生活中非常熟悉的场景。这款游戏也有"旅馆"和"迷宫格"等延迟环节：电车在红赛道第19格和蓝赛道第44格时"脱轨"，在红赛道第52格和蓝赛道第11格时需要"新车"。这些巧妙的变化提高了游戏的质量，也更加贴近真实生活。多年来，电车游戏一直很受欢迎，并随着电气化的发展而不断发展。

《梵豪登巧克力饮料的游戏》

维斯普：梵豪登

Van Houten's Drinking Chocolate Game.

Weesp: Van Houten

1889 年

和《电车游戏》一样，巧克力饮料游戏宣传了梵豪登巧克力的产品，同样也是基于传统的《赛鹅图》游戏。在最初的游戏中，用鹅表示的奖励格换成了梵豪登巧克力可可罐的特色图像。作为进一步的促销手段，这些没有特殊游戏意义的格都换成了与电车游戏相同的广告语。宣传信息还通过定制传统的危险格得到了强化：第 6 格的桥是荷兰北部城市维斯普的桥，维斯普是梵豪登巧克力工厂的所在地。游戏的右下角和左下角分别展现了梵豪登建厂之前和之后的城市景观。第 19 格的旅馆格变成了咖啡馆，第 31 格变成了梵豪登的广告电车。第 52 格的监狱格是"假冒产品"，而第 58 格的死亡格是一个咖啡壶，玩家必须在这里重新开始游戏，为"鲁莽地"选择这种不健康的饮料付出代价。

《朱莫娃娃的游戏》

巴黎：朱莫娃娃

Game of the Baby Jumeau Dolls.

Paris: Jumeau

1889 年

  《朱莫娃娃的游戏》的赛道在一张大埃菲尔铁塔的图像上展开，最上方是终点。从纸质棋盘上方的两面旗子和远处的纽约自由女神像可以看出，游戏记录的展览会是在巴黎有强烈亲美倾向的背景下举行的。游戏还提供了朱莫公司的细节："位于蒙特勒伊的朱莫娃娃工厂宽敞气派，如今占地6000平方米，有1000名员工……"他们的娃娃用素瓷制成，外观精致，符合当时的流行风尚，但非常昂贵，却要与价格低廉的德国进口娃娃竞争。这种矛盾毫不避讳地反映在了游戏中。与有鹅的奖励格类似的格子展示了朱莫娃娃的形象。障碍格也有不同的主题。第58格死亡格最具戏剧性，有一个破损的德国娃娃；第52格监狱格是一个人被关在监狱里，可怜地哭泣着；第31格又是一个德国娃娃，困在井里等待救援。尽管这家公司已经不复存在，但朱莫娃娃在今天仍然受到收藏家们的青睐，最稀有的品种能卖到5位数的价格。

《布兰格将军赛鹅图》

巴黎：《费加罗报》

Goose Game of General Boulanger.

Paris: Figaro

1889 年

  插图显示的是伊麦捷利·佩尔兰公司为《费加罗报》制作的彩色增刊的第一页。插画家加斯顿·勒克（自称格勒克）是一位著名的巴黎设计师，从19世纪80年代末开始，他就受查尔斯·佩尔兰邀请合作制作现代广告和政治宣传画。《布兰格将军赛鹅图》的上方是一位热情的粉丝，展示了将军所在政党的政客们手挽着手快乐地跳舞。游戏本身有63个格，与有鹅的格子类似的奖励格描绘了将军本人，他在胜利格戴着皇冠，穿着貂皮长袍。这些危险格都是关于他丰富多彩的职业生涯中的一些事件。例如，第2格代表7月14日（巴士底日），庆祝他在担任战争部长期间重新引入传统的阅兵仪式。第6格，即丢失的"部长职务"，指的是因为政府担心他越来越受欢迎，而解雇他并将他送往省级城镇克莱蒙特费朗的故事。他从里昂站离开（第12格：去第44格克莱蒙特站）的消息也记录在游戏中。当时，他的一万名支持者在火车上张贴海报，宣称："他会回来的！"事实上，第44格就有这样的指令："回到第12格（里昂站）"。这个游戏或许能让人莞尔一笑——可能这是最有效的政治说服方式？

《拉古龙煤气罩的游戏》

巴黎：罗伯特公司

Game of La Couronne Gas Mantles.

Paris: Robert and Co.

约 1900 年

这款有趣的游戏宣传的是拉古龙牌的煤气罩，在 20 世纪早期电灯照明变得普遍之前，煤气是一种重要的照明形式。现代的煤气罩是由德国化学家卡尔·奥尔·冯威尔斯巴赫（Carl Auer von Welsbach）发明的。他在 1891 年完善了稀土氧化物的混合物，这种混合物在燃烧气体加热时，会从相对坚固的煤气罩里发出良好的白光。在游戏中，设计者充分抓住每个机会来强调气体照明相比过去的照明方式的优越性，尤其突出拉古龙煤气罩比竞品好在哪里。第 7 格展示了一套很划算的拉古龙煤气罩，因为玩家的点数加倍。第 31 格描述了一个事故，玩家由于使用了质量不佳的煤气罩而导致了严重的后果，因此需要回去买一个质量更好的产品。第 49 格显示的是一只受惊的猫和情绪低落的主人，他们遭遇了类似的不幸事件。气体罩很容易突然解体，还会发出一声巨响，所以这里也并没有夸大多少。这款游戏引人入胜的一点是，设计者用锥形灯罩来"包裹"很多人物形象。这款游戏也很有趣，展示了煤气罩的生产技术和使用方法。

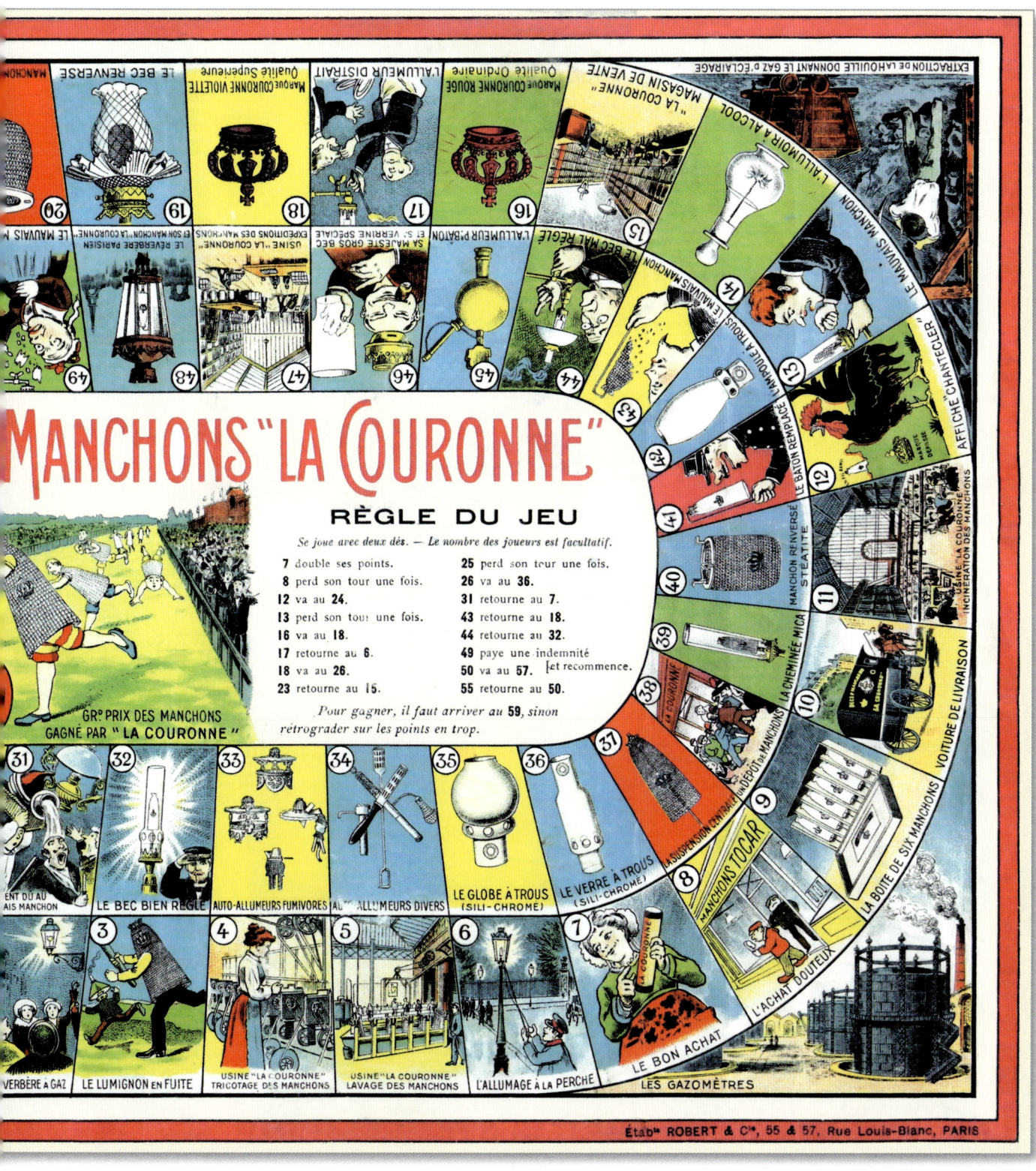

《比斯列里的福禄希纳酒》

米兰：比斯列里

Game of Bisleri Ferro-China tonic. Milan: Bisleri

约 1900 年

比斯列里的福禄希纳酒（Bisleri's Ferro-China）由费利斯·比斯列里创立。他除了生产烈性酒，还是加里波第时期的药剂师和自由斗士。福禄希纳酒的游戏几乎完全复制《赛鹅图》，奖励点数加倍的格子和传统的《赛鹅图》完全一致。这些格子用这种饮品的狮头商标做标记。两只狮子隔着桥互相凝视着第6格，而第52格的监狱格变成了狮子的笼子。位于第31格的陷阱格展示了这家工厂的历史。工厂建于1881年，位于米兰市中心的萨沃纳，最近它刚刚关闭，已经改建为住宅楼。第58格的死亡格画了一个病人，玩家必须为他买一杯福禄希纳酒，然后重新开始游戏。标示赛道的红色长带上写着这种酒的宣传语：你想永远充满活力吗？饭前喝一杯福禄希纳酒。你想你的后代健康强壮吗？不想食欲不振？想睡个安稳觉？旅行时能不生病？别忘了带上你的福禄希纳酒！

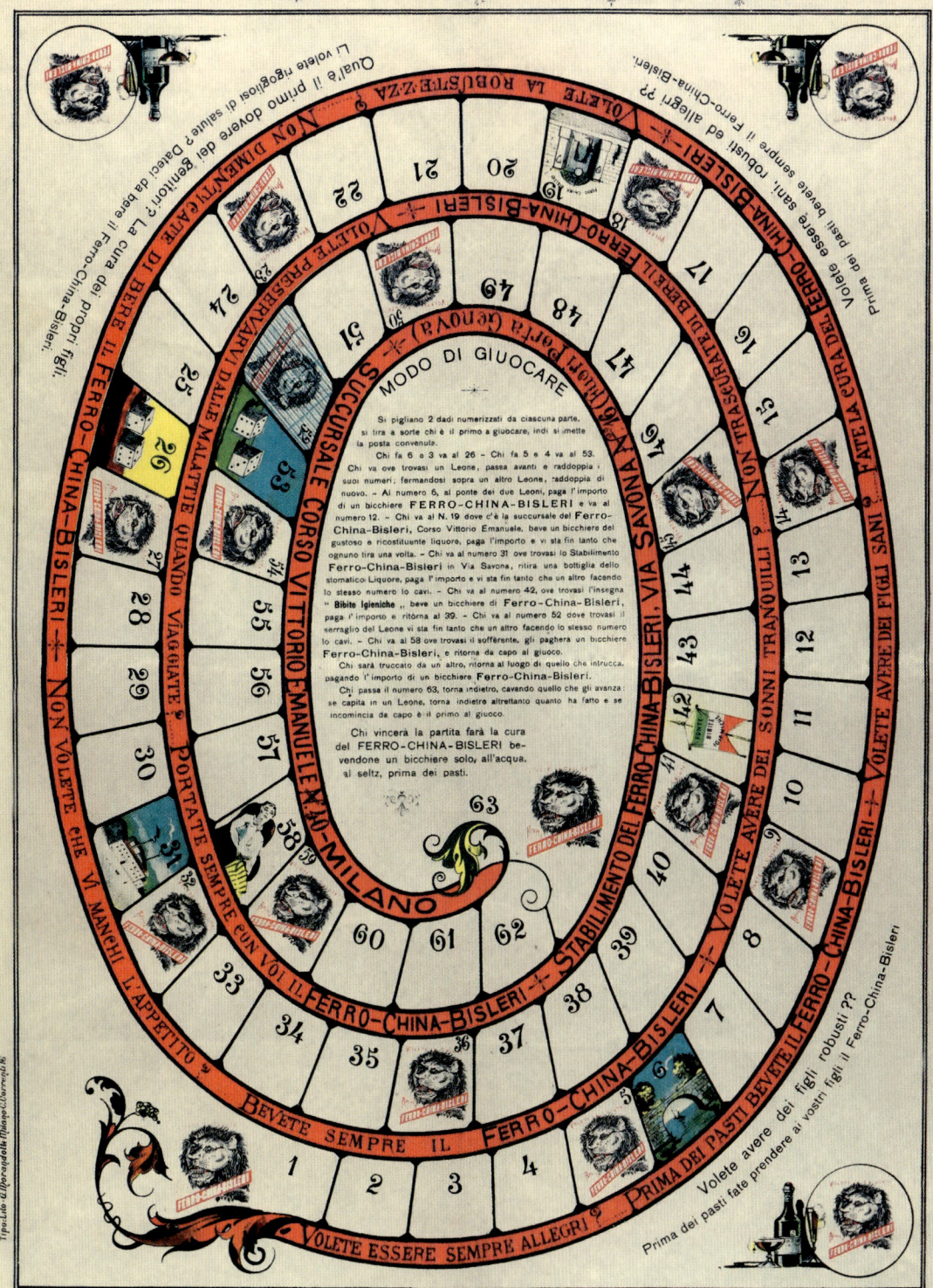

《老佛爷百货公司的巡游》

巴黎：老佛爷百货

The Circuit of the Galeries Lafayette.
Paris: Galeries Lafayette

约 1906 年

当《老佛爷百货公司的巡游》的游戏问世时，航空业还处于起步阶段。在1903年首次飞行后，莱特兄弟致力于开发一种实用的飞机。很快，他们在1905年发明了游戏中出现的飞机——莱特飞行器III。虽然这架飞机能够持续飞行近一个小时，但在空中和外层格中所实现的梦幻壮举纯粹是幻想。然而，幻想部分终会变成事实：1912年，百货商店发起一项挑战，只要能乘飞机安全地降落在屋顶，就奖励25000法郎的奖金。1919年时，法国飞行员朱尔斯·范德林将自己的高德隆G3双翼飞机降落在屋顶。他明智地在屋顶放置了一些沙袋，还让几个强壮的朋友手动协助减慢飞机的速度，以免它落到下面的街道上。他赢得了奖金，但又不得不为违反航空法规而支付一笔小额罚款。游戏本身是轻松愉快的，虽然早期航空有很多危险，但游戏中并没有死亡格，去第51格拜访圣彼得也似乎进展顺利。老佛爷百货的广告仅限于展示在欧洲及更远地区的国际分店。

《凯隆·德·弗兰德雷斯菊苣的赛鹅图》

布尔

法国北部：维兰兄弟

Goose Game of Carillon de Flandres chicory.

Bourbourg, France Nord: Vilain Frères

约 1910 年

凯隆·德·弗兰德雷斯菊苣是维兰兄弟在法国北部生产的菊苣品牌，包装上有一个与众不同的钟楼作为标志。奇怪的是，这款游戏并没有针对性的产品广告，插图和游戏规则都是以传统《赛鹅图》为标准。用鹅标记的投掷加倍格只有一圈，间隔9格，不像经典游戏中的两圈赛道均有。所有的格子都配有插图。第7格是一架单翼飞机，很可能代表的是著名的布莱里奥十一型。1909年，布莱里奥十一世第一次横渡了英吉利海峡。其他非活跃格展示了各种各样的主题，所以对于孩子们来说，游戏的乐趣就是识别这些主题。在传统游戏中，第42格通常显示的是迷宫。然而，这里显示了一片陡峭的山脉——当然，在这里很容易迷路——指示返回到第30格。最后展示了一家家禽铺子里吊着的鹅，对于孩子们看到这个是否会感到不适，仍存在争议。

《海狸鼠小矮人》

莱顿：海狸鼠饼干厂

Game of Nutrix Dwarves.
Leiden: Nutrix Biscuit Factory

约 1930 年

　　为饼干做广告的荷兰游戏常常以饼干作为筹码。《海狸鼠小矮人》就是一个很好的例子，它描绘了一个仙境之旅，充满了各种想象的欢乐和危险。每位玩家以 10 块"小姜饼"（Kruidnoten）营养饼干（一种传统上与 12 月初的荷兰圣尼古拉斯节有关的辛辣食物）作为筹码，把其中的两块放进罐子里。一路上，所有不同种类的饼干都有插图和名称。在第 8 格，动物园狮子饼干被设计成这样的规则："把两块饼干放进罐子里给狮子吃，然后在第一个转弯处停下来看野生动物。"在不同的时间点，玩家会被要求吃掉罐子里的饼干。而惩罚是（在第 44 格，一个侏儒正忙着吃一大盒饼干）必须吃掉自己的两块饼干，然后重新开始游戏。中央位置写着："如果海狸鼠来了，全家欢呼。""谁先到那里，谁就可以得到所有的营养饼干。"

第十章
棋盘游戏去美国
——寻求新事物

美国最早的印刷棋盘游戏是从伦敦进口的,19世纪20年代美国最早的游戏产品是基于英国模式的地图游戏。就连大家都以为是美国人发明的著名游戏《幸福大厦》其实也是对伦敦原版游戏的改编。

美国最早的广告游戏之一是1759年约翰·杰弗里斯发明的《欧洲之旅》。这款游戏出现在1775年宾夕法尼亚的一家报纸上,还出现在一船货物——从猎刀到银鞋扣,种类繁多的广告中。在19世纪早期,英语游戏的广告经常出现在纽约、波士顿、华盛顿和宾夕法尼亚这样的中心地区。纽约提供的服务范围与伦敦相当,重点放在"新"游戏上,尤其是在圣诞节和新年,因为这些广告大多出现在这两个时节。因此,1810年12月31日的《纽约晚间邮报》刊登了一则广告,包含以下游戏:《青少年娱乐游戏(陀螺和筹码)》《犹太人游戏》《帕斯特拉游戏》《魔环》《不列颠的堡垒》《功绩的奖赏》《人类生活的游戏》《优雅的娱乐》和《欧洲、英国和世界地理游戏》。

这些广告没有提到《赛鹅图》,大概是因为这个游戏对美国市场来说太过时、太无趣了。美国最早的游戏实际上是地理游戏,显然是从英国地图游戏衍生出来的。两个发行商在1822年推出了非常相似的游戏。在本章中,再次展示了纽约的F&R.洛克伍德发行的《旅行者在美国旅行》。另一个早期的美国游戏的竞争者是爱德华·帕克的《地理消遣》(或称《全欧洲之旅》),现仅存一份。游戏没有写日期,所以无法确定生产的先后顺序。

从1830年到1860年,成千上万的英国人移民到美国,在新英格兰地区和中大西洋海岸从事农业、采矿或在大型工业中心工作。不止一家英国制造商愿意提供一款游戏来介绍他们的新家园。这款游戏便是《星条旗》(或称《移民到美国》)。棋盘美丽细致,集中展现美国东部地区,生动地描述了19世纪50年代加利福尼亚淘金热之前的美国。

美国生产的第一款具有重大市场影响力的游戏是《幸福大厦》，这是一款具有教育性、道德性和娱乐性的游戏。1843年，这款游戏的第一版由来自马萨诸塞州塞勒姆的W. & S. B. 艾夫斯发行，并由艾夫斯多次再版。随后的1894年，帕克兄弟在他们发行的版本上写了这样的游戏声明——"第一款在美国发行的棋盘游戏"。尽管这种说法并不合理，但这款游戏仍然是美国棋盘游戏历史上重要的里程碑。相比之下，尽管美国在1850年左右出现了《赛鹅图》游戏，但影响却微乎其微。

儒勒·凡尔纳发表的一部小说从一个非常不同的角度反映了美国和西欧之间紧密的文化联系，这就是《一个怪人的遗嘱》(*The Testament of an Eccentric*)。在这个故事中，一个非常古怪的芝加哥百万富翁的遗产的继承者们通过参加一场遍及美国的大型《赛鹅图》游戏来决一死战，凡尔纳竟然能够根据这个独特的、难以置信的计划来写一本关于旅行和刺激经历的小说。

儒勒·凡尔纳更著名的小说《八十天环游地球》间接地启发了另一款棋盘游戏——《奈莉·布莱》的诞生。游戏讲述了她环游世界的故事，而且她成功地完成了小说中虚构的目标。另一本著名的欧洲小说《鲁滨逊漂流记》在19世纪末启发米尔顿·布拉德利创作了一款彩色平版印刷游戏。

反映美国精神的典型游戏是《跑腿游戏》，展现了即使是地位卑微的人也有可能成功。游戏强调了成功实现美国梦所需要的品质：诚实、勤奋和智慧。但在这里，成功意味着赚足够多的钱，是为了成为一个"体面的、受人尊敬的银行家和好公民"——在我们这个充满疑虑的时代，这可能不是人们的最终目标。对于同时期的一款不那么华丽的游戏《店员》来说，"成功"仅仅意味着站在柜台后面，而不用再扫商店的地板。

《旅行者在美国旅行》

纽约：洛克伍德

The Travelers' Tour through the United States.

New York: Lockwood

1822 年

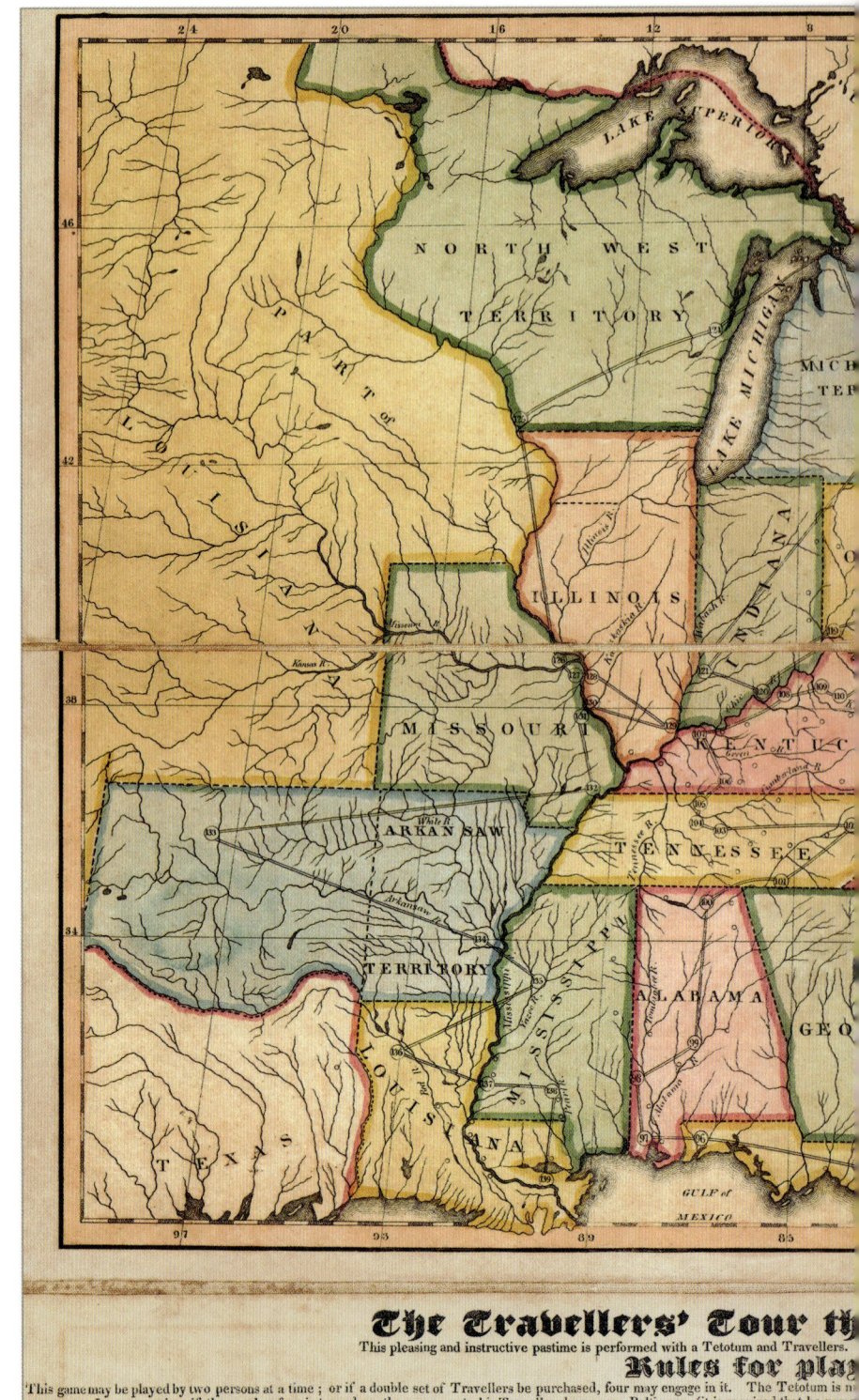

《旅行者在美国旅行》的棋盘展现了美国东部各州的地图,最西边只到阿肯色州的边界。赛道由带编号的小圆圈组成,华盛顿市是起点,新奥尔良是终点(获胜格是第139格)。游戏规则与这些圆圈所在地有关,并对这些地方进行了简要的描述,如果是城镇还会标出人口规模。但地图上没有标出这些地方的名字,这就是游戏的乐趣所在。玩家必须在不看规则的情况下说出他们来到的地方的名字。为了给游戏增加难度,玩家还需要说出那个地方的人口数量,否则就要停玩一轮。对这些地方的描述都是些基础信息,例如:"纽约是美国第一个商业城市。纽约港的海关收入约是美国海关全部收入的四分之一。"但有些描述也很有趣:"查尔斯顿(第86格)的居民以优雅的举止和热情好客而闻名。"

《星条旗的游戏》或《移民到美国》

伦敦：沃利斯

Game of the Star-Spangled Banner, or Emigrants to the United States.

London: Wallis

1830 年

这款精美的游戏共有 147 格，起点是一条大海蛇——它的头能抬到船的顶桅那么高，终点是纽约市。这款游戏的玩法是从一个袋子里抽出有编号的卡片，游戏规则手册上说，这比使用骰子或四方陀螺"更有趣"。各州首府则给出了一个额外的转折："请注意，每个州都有自己独立的政府，不受华盛顿的控制……无论谁来到这些地方，都有立刻重新抽卡的特权。"一些格子有生动的特殊说明，例如：

第 10 格："土耳其秃鹫"——这种鸟以腐肉为食，如果有人想抓它，它会把肚子里的东西吐到追捕者的脸上……指令是：躲开它，重新开始。

第 20 格："定居者的小屋"——小屋用圆木建造，周围用木桩围起来。指令是：暂停一轮，在这里住一住，看你是否喜欢。

第 44 格："华盛顿"——政府的所在地，这个城市的规划非常宏伟，但目前只有一些简陋的房屋，还有邮局、银行和富丽堂皇的国会大厦或众议院。指令是：继续走到第 73 格。

第 90 格："私刑法"（阿肯色）——那些离政府所在地较远的州经常有这种臭名昭著的做法。这只不过是对正义的嘲弄……指令是：回到第 67 格（"樵夫的小屋"）。

这个游戏很好地反映了美国在两个世纪里发生了多大的变化。

《幸福大厦》

首次发行于马萨诸塞州
塞伦 1843 年
本版发行于塞伦和波士顿：艾夫斯

The Mansion of Happiness. First published Salem MA

1843, this edition Salem & Boston: Ives, 1864

1864 年

《幸福大厦》游戏于1800年由罗伯特·劳里和詹姆斯·惠特尔在伦敦首次发行。虽然没有双倍格，但有一系列的格子能让玩家向胜利格前进6格，终点显示"幸福大厦"：这些格代表的是各种美德，如虔诚、诚实、理智和感恩。另一方面，游戏规定，任何胆大、残忍、无礼或忘恩负义的人，都必须回到从前的状态，不用再想幸福的事情，更不用说享受幸福了。所有这些特点都保留在美国版本中，就像图中所示的那样，不过也做了一些改动。英国版本中提到的伦敦拘留所和纽盖特监狱被改称为劳教所（第30格）和监狱（第50格）。降落在这两个地方不会受到惩罚，但是玩家可能会因为特定的罪行而被送到那里。例如：任何来到第57格的人都被认为是强盗，必须被关进监狱两个月，停走两轮，等另一个玩家走到这里时，停走的玩家才可以继续前进。美国版还有一个显著的不同，那就是游戏中不下赌注。毫无疑问，人们认为赌博元素不适合一款声称拥有高道德价值的游戏。

《赛鹅图》

设计者玛丽·D. 卡罗尔
普罗维登斯：诺尔斯
安东尼

Game of Goose. Designed by Mary D. Carroll. Providence RI: Knowles, Anthony

1855 年

在美国，经典的《赛鹅图》比较少见。1855 年，罗德岛的玛丽·D. 卡罗尔发行了这个游戏，但并不是最早在美国发行的《赛鹅图》。1851 年，纽约市的 J. P. 比奇发行《快乐的赛鹅图》，这个版本是从英国原版复制来的，只是方向相反。虽然玛丽·卡罗尔的游戏在很多方面都与经典的《赛鹅图》一致，但通常有鹅的第 5 格和第 9 格却并没有出现在这一版中。这是几种英国《赛鹅图》共有的一个特点，在第一章中所显示的也是如此，也是用这种方法表明其援引的是英国版本。然而，在赛道的尽头，乡村环境宁静迷人，蜜蜂在蜂房边愉快地嗡嗡作响，这种场景必定代表了美国定居者的梦想。

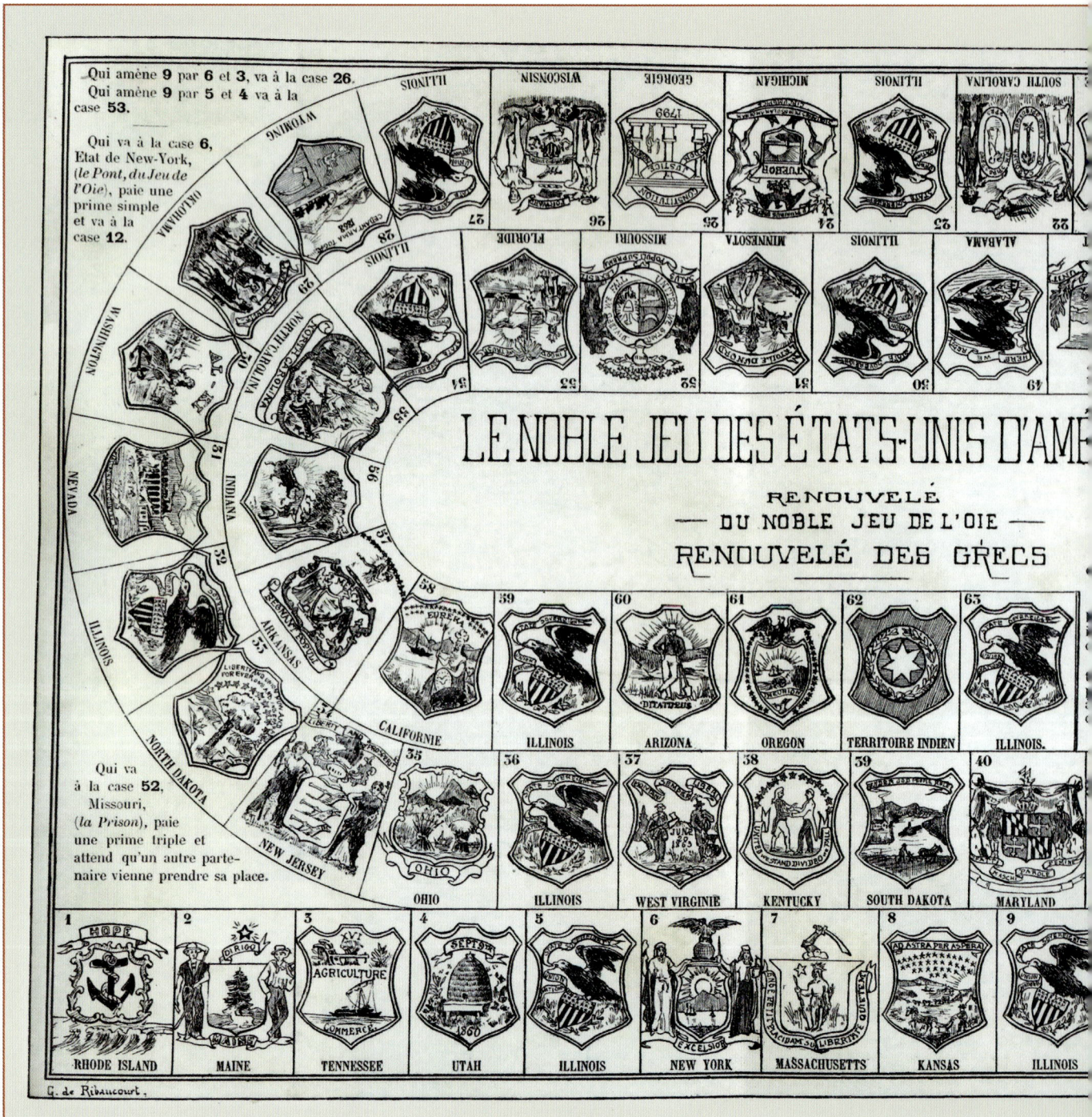

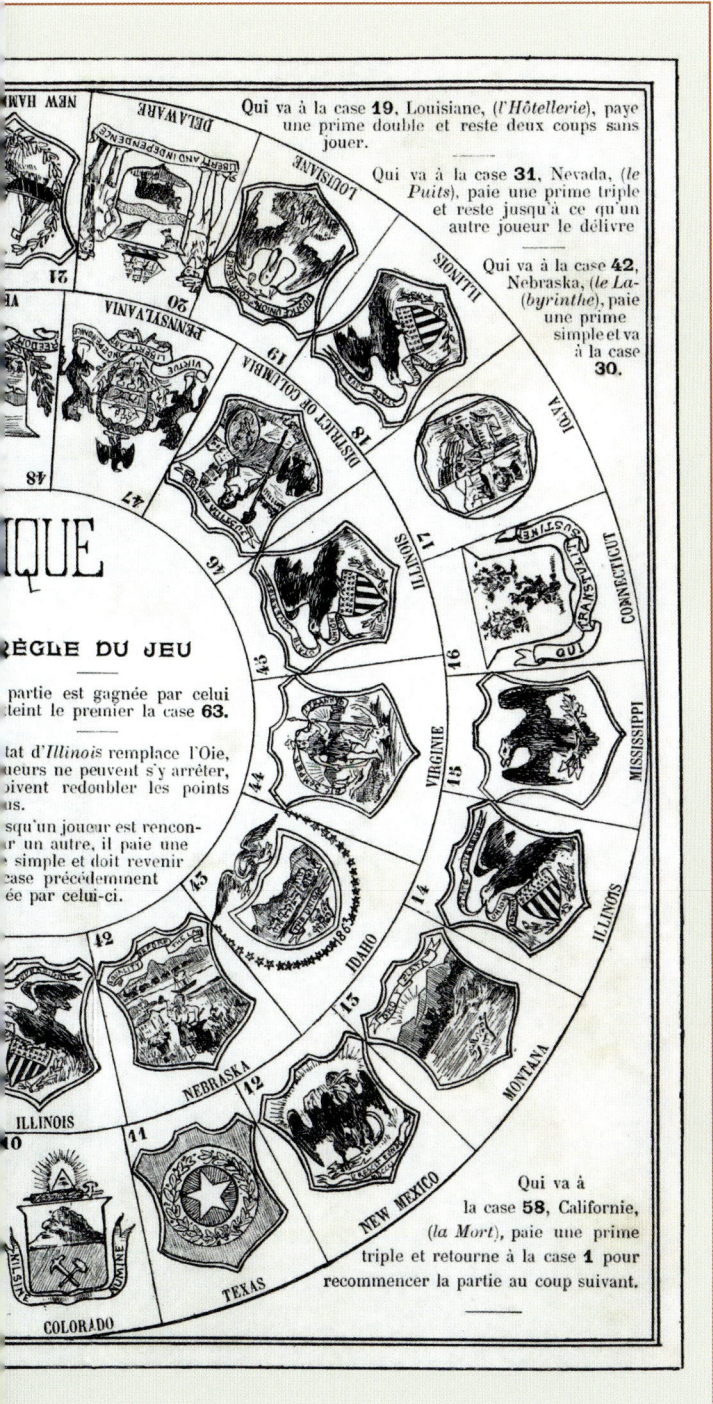

《美利坚合众国的高贵游戏》

设计者儒勒·凡尔纳

巴黎：黑泽尔

*The Noble Game of the United States of America.
Designed by Jules Verne. Paris: Hetzel*

1899 年

儒勒·凡尔纳的小说《一个怪人的遗嘱》讲述了百万富翁威廉·J. 海波伯恩的故事。他的遗嘱规定，如果谁能在一场精彩绝伦的《赛鹅图》比赛中获胜，谁就能获得他的 6000 万美元遗产。参赛者必须根据在海波伯恩律师事务所掷骰子的结果穿越美国各州和各地区。他们的冒险经历含有许多旅行见闻的细节，也成为这部小说的基础。其中包括一个折叠棋盘的美国游戏，如图所示，在这个游戏中，各个州和地区有它们的州徽。游戏与《赛鹅图》有巧妙的对应。所有带鹅的奖励格都用伊利诺伊州的州徽表示，该州的州徽上有美洲鹰的图案。第 6 格的桥显然对应的是纽约。位于第 52 格的监狱格展示的是密苏里州，因为当时世界上最大的监狱是杰佛逊市臭名昭著的密苏里州监狱。第 58 格的死亡格对应的是加州：因为即将前往死亡谷。最后，第 63 格的获胜格再次显示了伊利诺伊州：这场游戏结束的地方——律师办公室就位于伊利诺伊州的芝加哥市。

《内莉·布莱》

纽约：桑热

Nellie Bly. New York: Singer

约 1898 年

与前一款游戏中虚构的旅行者不同，内莉·布莱虽是笔名，但确有其人。她的原名为伊丽莎白·柯克兰·西曼（Elizabeth Cochrane Seaman），于1864年出生在美国，是一名记者。她说服了《纽约世界报》的编辑，踏上了模仿《八十天环游地球》中的斐利亚·福克的旅行，并有所改进。1889年11月14日，她乘坐奥古斯塔·维多利亚号远洋客轮，从新泽西州的霍博肯起航前往英国的南安普顿。第9天，她在法国亚眠市会见了儒勒·凡尔纳本人。她的旅程经过了苏伊士运河（第13天），然后到了中国香港和日本。在最后一段航程中，她选择了大洋洲号，但由于遇到风暴，船延误了，到达旧金山时比原计划晚了两天。然而，《纽约世界报》的老板约瑟夫·普利策租了一列私人火车，让她快速回到纽约，棋盘中心的装饰物正是这列火车。这列火车从东海岸到西海岸的平均时速达到了创纪录的37英里（约合48公里），优先于其他铁路交通，不过它也会在小城镇停靠，以寻求宣传机会。最后完成的时间是72天多一点，但这项纪录只保持了几个月。

《鲁滨孙漂流记》

斯普林菲尔德

马萨诸塞州：米尔顿·布拉德利

Robinson Crusoe.

Springfield MA: Milton Bradley

约 1900 年

米尔顿·布拉德利是美国游戏发展的关键人物。他是一名绘图师和平版印刷工,在1860年发行了《人生棋盘游戏》,作为他平版印刷事业的副业。这是一款"道德"游戏,布拉德利在平版印刷方面改进后,得以以低廉的成本大规模生产。1870年,他根据丹尼尔·笛福的小说,推出了《鲁滨孙漂流记》游戏。这里展示的是后来的版本,在棋盘的背面标记着"改进版"。这款游戏的特点是有并行的赛道:游戏共四个赛道,每个玩家都选一条自己的赛道,可以从四个角的任何一个出发。危险格用黑星标记,上面写着风暴、平静、波浪或强风。为了公平起见,每条赛道的长度都是一样的,遇到的危险格也是一样多的,只是顺序有所不同。这个用骰子玩的简单游戏采用平版印刷的技术,富于艺术性,还有华丽的全彩装饰边框。

《跑腿男孩》

纽约：麦克劳克林兄弟

Errand Boy. New York: McLoughlin Brothers

1891 年

麦克劳克林兄弟成立于 1858 年，可能是美国游戏公司的始祖。该公司制作了美国有史以来最漂亮的一批游戏，在 19 世纪 80 年代和 90 年代达到顶峰，之后在 1920 年被米尔顿·布拉德利收购。我们在这里展示的麦克劳克林兄弟公司出品的游戏，描绘了这个卑微的跑腿男孩最终成为第 43 格的银行家并赢得游戏的过程。赛道的起始部分有两套，这样玩家可以从任何一边开始。在获得 100 万美元的财富之前，他经历了几个阶段：销售人员（第 22 格）、部门主管（第 24 格）、部门经理（第 30 格）、进入商行（第 34 格）、商行总监（第 38 格）。带着 500 万美元（第 41 格）从商界退休是他最终的成就，足以让他在第 44 格胜利格成为一名银行家。如果玩家来到诚实、礼貌和做事仔细等格子，就会加快走棋的速度，而如果去了懒惰、漫不经心等格子，则会被阻碍或减慢行进的速度。主要的危险格是因偷窃（第 18 格）或贪污（第 36 格）而被送进监狱；玩家必须掷出五点才能离开监狱，但即使这样，玩家也必须重新开始。

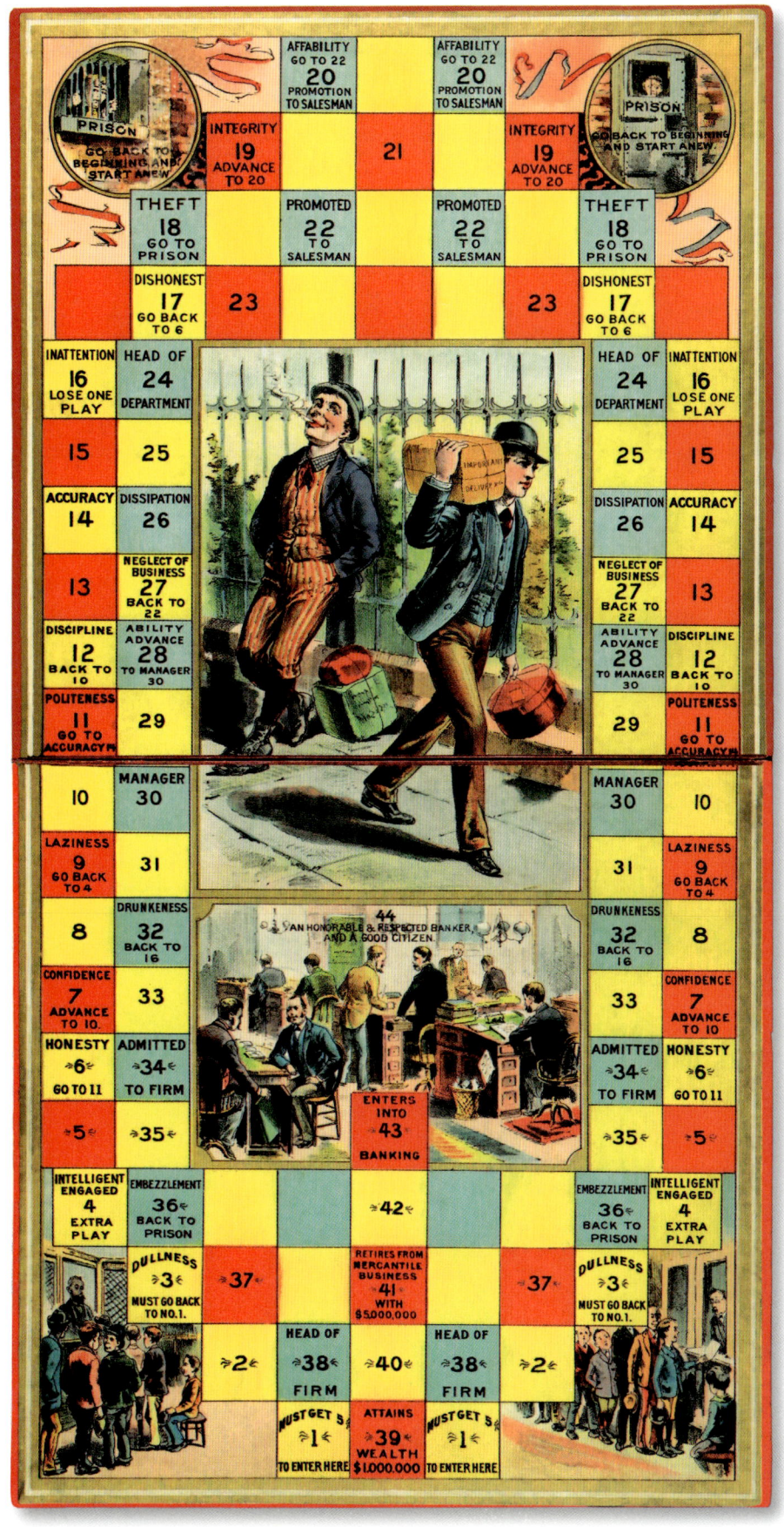

《商铺伙计》

纽约：桑热

Shop Boy. New York: Singer

1890 年

这个简单的示例展示了美国低端市场的棋盘游戏。彩色的纸质棋盘被粘在盒子的底部，盒盖表面也设计了色彩明亮、引人入胜的场景，以此吸引购买者。事实上，对于一些美国收藏家来说，盒盖比游戏本身还吸引他们。这个盒盖展示了不同年龄的男孩从商店递送包裹——毫无疑问，这是许多年轻人的第一份工作，正如插图所描述的那样，他们总是害怕把货物掉在街上。这款游戏使用的是转盘，而不是骰子，不过令人遗憾的是，上面的示例失去了旋转箭头。《赛鹅图》每轮都会掷两个骰子，而这个转盘最多只能旋转出4步，因此将游戏拖得很长，不像前者那么令人兴奋。年轻员工在领会这个游戏时毫不费力："晚归"必定是常常被家人责备的事情，虽然员工在上班打哈欠后不一定会"疲惫不堪－上床睡觉"，然而还是有可能会像第19格显示的那样希望能睡上一觉。

图片版权

本书第146—147页图由法国国家图书馆（Bibliothèque nationale de France）提供，第169页图由阿特拉斯·范·斯托克（Atlas van Stolk, Rotterdam page）提供，第186—187页图由丹尼尔·克劳齐珍本出版社（Daniel Crouch Rare Books）提供。其他图片均由阿德里安·塞维利亚提供。

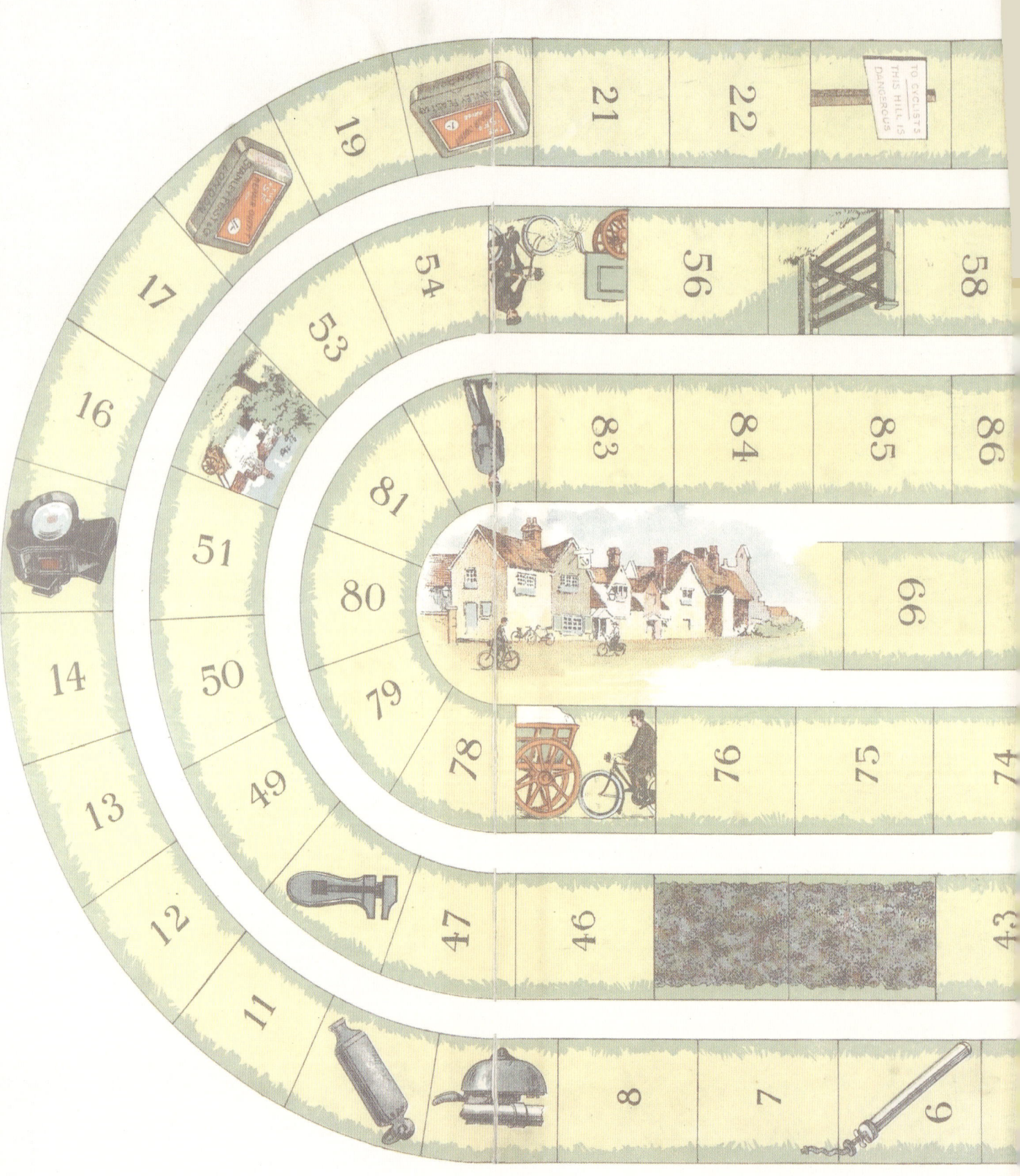